내 돈을 지켜주는
**친절한
생활 법률 상식**

내 돈을 지켜주는

친절한 생활 속 법률 상식

곽상빈 · 안소윤 지음

평단

'법알못'이 묻고 전문가가 답하다

법을 모르면 손해가 되는 세상입니다. 법이 중요한 것은 알아도 막상 내가 궁금한 법률 지식을 찾아보려고 하면 왠지 어렵습니다. 인터넷 검색으로는 찾기가 어렵고, 막상 대답을 들어도 무슨 말인지 잘 모르겠고, 그렇다고 바로 전문가에게 상담받기에는 망설여질 때가 많습니다.

잘 알지 못하면 그만큼 위축되고 의사결정을 할 때도 망설이게 됩니다. 경제생활과 사회생활에서 자기 상황에 적용되는 법을 명확하게 알고 있다면 법은 두려움의 대상이 아닐 뿐 아니라 한 발 더 나아가 슬기롭게 활용할 수 있는 지적 기반이 됩니다.

법은 현시대 구성원들 사이에 사회적으로 합의한 것입니다.

따라서 사회가 변화하면 법 또한 끊임없이 바뀌는데, 이 점이 사람들로 하여금 법을 더 어렵게 느껴지게 합니다. 그러나 법은 사람들이 무엇을 하지 못하게 하는 것이 아니라 일정한 제약을 가하여 사회 구성원들이 안정적인 구조 속에서 제 기능을 잘 수행하도록 하는 데 그 본질이 있습니다.

우리는 한때 코로나19 팬데믹으로 밤 9시 이후로는 모든 영업이 중지되었고, 백신을 접종하지 않고는 밖에서 식사나 모임을 할 수 없었으며, 이를 어길 때는 법의 제재를 받아 벌금을 내거나 영업을 정지당했습니다. 이처럼 법은 우리 생활에 직접 영향을 미칩니다. 그리고 이러한 법은 살아 있는 생물처럼 사회적 합의라는 힘을 바탕으로 영업시간 제약을 풀기도 하고, 백신 패스를 강요할 수 없도록 만들기도 합니다.

그래서 법을 잘 알고 그 안에서 내 권리를 지키고 잘 실현하는데 도움이 되고자 이 책을 썼습니다. 우리 삶에서 분야별로 핵심적이고 필수적인 법률 지식을 골라 핵심을 바로 알 수 있도록 구체적 사례와 함께 묻고 답하는 형식으로 법률전문가와 회계·세무 전문가들이 정리했습니다.

이 책을 읽은 여러분은 이런 것들을 알게 됩니다.

• 부당한 일을 겪었을 때 어떤 방법으로 어디에 내 권리를 주장해야 하는지 알게 됩니다.

- 계약서를 보며 나에게 불리한 조항은 없는지 알게 됩니다.
- 어떤 것이 소송에서 쓰이는 유효한 증거인지 알게 됩니다.
- 경찰서에 가기 전 무엇을 준비해야 하는지 알게 됩니다.
- 내 개인정보, 목소리, 사진을 무단으로 이용하는 사람에게 손해배상을 받을 수 있게 됩니다.
- 교통사고가 났을 때 형사적으로 처벌받지 않게 미리 챙겨둘 것을 알게 됩니다.
- 변호사가 없어도 고소할 수 있게 됩니다.
- 인터넷으로 물건을 사거나 헬스장·예식장에서 계약을 취소했을 때 환불을 더 잘 받게 됩니다.
- 좋은 변호사를 고르려면 어떤 점을 봐야 하는지 알게 됩니다.
- 뉴스에서 다루는 법률 관련 문제를 이해하게 됩니다.

아는 만큼 보이는 넓은 세상의 가능성을 탐구하고 싶은 독자 분, 두려움을 넘어 든든한 배경지식이자 내 권리를 지키는 수단으로 법을 활용하고 싶은 분들 모두 이 책으로 '법알못'에서 벗어나 실생활에서 도움을 받게 되길 바랍니다.

목차

1장   삶 속에 법이 있다

2장 결국 법원으로 갑니다

3장 창업자와 기업을 위한 법률 상식

4장 한 발 앞서가는 법률 상식

1장

삶 속에 법이 있다

결혼하면 혼인신고를
꼭 해야 할까요?

남녀가 혼인신고를 하지 않고 부부로 공동생활을 하면 사실혼*
관계가 되는데, 사실혼 배우자의 권리와 의무는 법적으로 혼인
한 법률혼*보다 제한됩니다.

용어 설명

- **사실혼**
  혼인신고를 하지 않고 부부로 공동생활을 하는 것
- **법률혼**
  결혼의 실질적 요건과 형식적 요건(혼인신고)을 모두 갖추어 법에
  서 인정한 결혼

먼저 법률상 배우자는 이혼할 때 배우자에게 재산분할을 청구할 수 있고, 배우자가 사망하면 상속을 받을 수 있습니다. 그렇지만 혼인신고를 하지 않아 법률상 부부가 아닌 사실혼 관계이면, 사실혼 배우자 중 한쪽이 사망한 경우 상대방에게 상속권이 인정되지 않아서 재산분할청구권도 인정되지 않습니다. 사실혼만으로는 친족관계가 발생하지 않기 때문입니다.

사실혼은 혼인신고를 하지 않은 상태이므로 사실혼 배우자가 다른 사람과 결혼해도 중혼이 아니라 유효한 결혼이 됩니다.

사실혼 부부 사이에서 아이가 태어나면 혼인 외 출생자가 되어 어머니의 성姓과 본本을 따르게 됩니다. 이때 아버지가 혼인 외 출생자를 자기 자녀로 인지認知하면 아버지의 성과 본을 따를 수 있습니다.

다만 사실혼 관계라고 해도 그 사실혼 관계가 사망이 아니라 어느 한쪽의 귀책사유*로 끝난 경우에는 상대방에 대하여 재산분할을 청구할 수 있습니다.

🧑‍💼💬 용어 설명

- **귀책사유**
  책임 있는 사유. 법률적인 불이익을 주려면 필요한 주관적 요건으로 의사 능력이나 책임 능력이 있고 고의나 과실이 있어야 함

사실혼 관계라도 동거, 부양, 협조, 정조의 의무는 있기 때문에 사실혼 배우자가 외도해서 사실혼 관계가 해소된 경우에는 외도한 사실혼 배우자와 상간자 모두에게 위자료 청구도 가능합니다. 미성년자가 결혼하면 법적으로 성년에 달한 것으로 보지만(성년의제) 사실혼인 경우에는 성년으로 보지 않습니다.

5년간 동거하다 헤어졌는데
재산분할을 청구할 수 있나요?

몇 년을 함께 살았어도 단순한 동거는 사실혼 관계와 달리 헤어지더라도 상대방에게 재산분할을 청구할 수 없습니다.

사실혼으로 인정받으려면 당사자 사이에 혼인신고를 제외한 나머지 요건, 즉 주관적인 혼인의 의사와 객관적인 혼인생활의 실체를 모두 갖추어야만 법의 보호를 받을 수 있습니다.

구체적으로는 결혼식이나 상견례를 하는 등 상대의 가족과 교류가 있었는지, 경제공동체를 이루어 살아왔는지, 상대방을 뭐라고 부르고 주변에 각자를 어떻게 소개하였는지, 평소 집안 경조사를 챙긴다든지 하는 일반 결혼생활의 외관을 갖추는 것을 기준으로 판단합니다.

법원은 5년간 같이 살며 주민등록을 함께 이전하고, 이 기간에 남성이 번 돈을 동거 중인 여성에게 전부 맡겨 그녀 통장으로 관리하였으며, 그 여성 명의로 토지와 건물 등 부동산도 매입하였다가 그 여성이 가출하면서 둘의 관계가 끝나자 남성이 여성에게 혼인 기간 늘어난 재산 가운데 1억 원을 돌려달라는 재산분할 소송을 낸 경우 단순 동거로 보아 남성의 재산분할청구권을 부정한 바 있습니다.

법원은 그 근거로 ① 결혼식을 올리거나 가족들과 상견례를 치르는 등 서로의 가족들과 교류한 정황이 없고, ② 혼인신고에 아무런 장애가 없었음에도 오랜 기간 혼인신고를 하지 않았으며, ③ 두 사람이 주민등록을 같이 두었다고 하더라도 안정적으로 생활공동체를 이루고 있었다고 볼 만한 정황이 없고, ④ 청구인은 자신이 모은 돈을 상대방이 관리하게 하고 이로써 위 부동산들을 취득하였다고 주장하나, 이는 본인 명의로 금융거래를 할 수 없었던 개인 사정에 기인한 것일 뿐 이러한 사정만으로 두 사람 사이에 공동의 재산증식 활동을 통한 부부의 경제적 결합이 있었다고 보기도 어려운 점 등에 비추어보면, 청구인과 상대방 사이에 혼인할 의사나 부부공동생활을 인정할 만한 혼인생활의 실체가 존재하지 않는다고 보아 재산분할청구를 인정하지 않았습니다(부산가정법원 2021. 1. 19. 2020느단201260 심판).

이와 같이 몇 년을 함께 살았다 하더라도 단순 동거인 경우에는 사실혼과 달리 그 관계가 어느 한쪽의 귀책사유로 끝났어도 상대방에게 동거기간 중 취득한 재산에 대하여 재산분할을 청구할 수 없습니다.

03

재산분할이나 상속을 포기하겠다는 각서나
혼전계약서가 법적으로 효력이 있나요?

이혼할 때 재산분할에 대한 내용이 담긴 미국식 혼전계약서
(prenuptial agreement)는 한국에서 법적 효력이 인정되기 어렵습
니다. 우리 법원에서는 혼인이 해소되기 전에 미리 재산분할청
구권을 포기하는 것을 성질상 허용하지 않기 때문입니다(대법원
2000. 2. 11. 선고 99므2049, 2056 판결 참조).

따라서 당사자끼리 협의하여 결혼하기 전에 향후 이혼하게 되
면 재산분할을 포기하겠다는 각서나 혼전계약서를 작성하였다
하더라도, 이는 아직 혼인이 해소되기 전에 한 것이기 때문에 이
혼소송 시에 효력이 있다고 보기 어렵습니다.

마찬가지로, 상속해줄 사람이 사망하기 전에 상속받을 사람이

상속을 포기하겠다는 의사를 밝혀도 무효입니다. 따라서 배우자가 사망하면 상속을 포기하겠다는 혼전계약서나 각서가 있다 해도 이는 법적 효력이 없습니다.

그러나 혼전계약서가 언제나 무효인 것은 아닙니다. 민법 제829조에 따라 결혼 전 각자가 관리하던 재산에 대하여 결혼생활 중에도 각자 관리하기로 부부재산약정을 했다면 유효할 수 있습니다. 이 경우에는 혼인신고 전까지 이러한 부부재산약정을 등기해야 제3자에게 대항할 수 있습니다. 등기하지 않더라도 부부재산약정의 효력이 그 약정을 한 부부간에는 발생하지만, 다른 사람에게 이 약정의 효력을 주장하려면 등기가 필요합니다. 이때 그 등기는 남편 될 사람의 주소지를 관할하는 지방법원, 그 지원支院 또는 등기소에서 신청하면 됩니다.

04

혼인 파탄에 책임이 있는 배우자도
재산분할을 청구할 수 있나요?

가능합니다. 혼인 파탄의 책임이 있는 배우자를 유책배우자라고 하는데, 이 경우 먼저 이혼을 청구할 수 없고 위자료도 청구할 수 없지만 혼인 중 형성된 재산에 대해서는 상대방에게 재산분할을 청구할 권리가 있습니다.

반대로 말하면 내 배우자가 외도하는 등 혼인 파탄의 책임이 있다면, 이혼 청구는 나만 가능하지만 이혼소송이 진행되면 배우자도 나에게 재산분할을 청구할 수 있습니다. 재산분할은 혼인 중 쌍방의 협력으로 형성된 공동재산을 청산하는 것이기 때문에 이혼에 책임이 있다 하더라도 청구할 수 있습니다.

그러나 위자료는 재산분할과 달리 정신적 손해에 대한 배상이

기 때문에 혼인을 파탄에 이르게 한 책임이 있는 유책배우자는
상대방에게 위자료를 청구할 수 없습니다.

 TIP

유책배우자란?

- 외도를 하거나 불륜을 한 배우자

- 지속적으로 폭언이나 폭행을 한 배우자

- 집을 나간 배우자(가출 이유에 따라 다르게 판단)

- 시부모님이나 장인·장모님에게 폭언 또는 폭행을 한 배우자

- 죄를 지어 교도소에 수감 중인 배우자

- 도박에 중독된 배우자

- 알코올에 중독된 배우자

이혼 위자료로 배우자에게 부동산을 넘겨줬는데, 양도소득세를 내라고요?

그렇습니다. 위자료는 이혼에 따른 정신적 고통을 배상받는 손해배상금입니다. 우리 법원은 이렇게 위자료로 배우자에게 부동산의 소유권을 넘기면 부동산을 넘긴 배우자는 그 대가로 위자료와 양육비 지급의무 소멸이라는 경제적 이익을 얻은 것으로 봅니다. 또한 소득세법상 유상으로 양도하는 경우에 해당하므로 양도소득이 발생했다면 양도소득세를 내야 한다고 보고 있습니다.

그렇다면 위자료를 받은 배우자 입장에서는 어떨까요? 위자료를 받은 배우자의 경우 증여세와 소득세 모두 해당이 없으나, 부동산 취득에 따라 지방세법상 취득세, 지방교육세, 농어촌특별세는 내야 합니다.

위자료 지급은 증여가 아니므로, 조세포탈*을 목적으로 한 가장이혼이 아닌 한 증여세는 부과되지 않습니다. 또한 위자료는 소득세법상 소득에도 해당하지 않아 소득세도 부과되지 않습니다.

> **👥💬 용어 설명**
>
> • **조세포탈**
> 사기나 기타 부정한 행위 등으로 세금을 내지 않는 것. 흔히 '탈세'라고도 하나 정식 명칭은 조세포탈임

06

부모님께 계좌이체를 했을 뿐인데
증여세를 내야 한다고요?

일정 금액이 넘으면 가족 간 계좌이체라 하더라도 증여세를 내야 할 수 있기 때문에 주의하여야 합니다. 증여는 증여자가 대가 없이 자기 재산을 수증자에게 수여하는 계약으로, 이를 받은 수증자는 증여받은 금액에 대하여 증여세를 내야 합니다.

가족 간에는 돈이 오가더라도 증여세 예외조항이 있지만, 일정 금액을 넘으면 증여세를 내도록 되어 있습니다.

가족 간 증여공제 금액은 10년간 합산한 누적금액을 기준으로 판단합니다. 배우자 간 증여공제는 6억 원, 부모나 조부모가 증여받는 경우에는 1인당 5,000만 원, 자녀나 손자녀가 증여받으면 1인당 5,000만 원까지 공제됩니다. 이때 증여받는 사람이 미성년이면 2,000만 원이 그 한도이고 사위나 며느리 등 6촌 이내의 혈족이나 4촌 이내의 인척 등 기타친족은 1인당 1,000만 원까지 공제됩니다.

주의해야 할 점은 손자녀 한 명에 대하여 증여세 없이 줄 수 있는 한도가 아버지와 어머니, 조부와 조모 4명을 모두 합하여 10년간 누적 5,000만 원이라는 사실입니다.

가족 간 거래라 하더라도 거래 날짜와 금액이 확정된 차용증이 있으면 증여가 아닌 경우로 인정받을 수 있습니다. 다만 이때에도 무이자로 빌려주면 세법에서 정하는 이자율인 연 4.6%의 약정을 하는 것이 좋습니다.

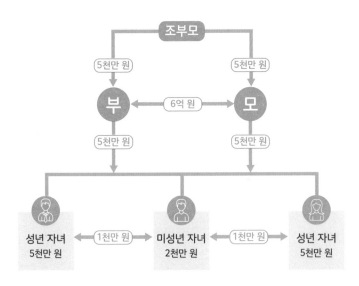

가족 간 증여 비과세 한도(10년간 합산한 누적금액 기준)

07

돌아가신 아버지의 빚을
제가 갚아야 하나요?

돌아가신 부모님의 재산뿐만 아니라 빚도 원칙적으로 그 배우자
와 자녀들에게 상속됩니다. 갓 태어난 어린아이가 부모의 죽음
으로 빚쟁이가 되는 억울한 일도 있었습니다. 그래서 민법에서
는 재산과 빚을 모두 포기하는 상속 포기 제도를 만들었습니다.
상속인이 상속을 포기할 때는 상속개시가 있음을 안 날부터 3개
월 이내에 상속 개시지의 가정법원에 포기의 신고를 해야 합니
다. 이렇게 상속을 포기하면 상속이 개시된 때부터 그 상속 포기
의 효력이 있습니다.

  그런데 피상속인(상속을 해주는 사람)에게 재산보다 빚이 많아
1순위 상속인인 배우자와 자녀들이 상속을 포기하는 경우 마치

폭탄 돌리기처럼 점점 더 후순위 상속인에게 그 상속이 넘어가 피해를 보는 사례가 발생하기도 합니다. 1순위 상속인(직계비속·자녀, 손자녀)이 상속을 포기하면 2순위(직계존속·조부모), 3순위(피상속인의 형제자매), 4순위(4촌 이내 친족)에 차례대로 빚이 넘어가기 때문입니다. 채무가 너무 많아 상속을 포기하는 경우에는 자신만이 아니라 후순위 상속인인 자녀, 손자들까지 모두 상속을 포기하는 것이 좋습니다.

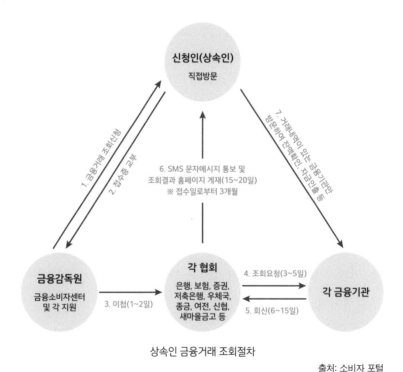

상속인 금융거래 조회절차

출처: 소비자 포털

각 금융협회 금융거래조회결과 확인 홈페이지

협회명	홈페이지	협회명	홈페이지
예금보험공사	http://www.kdic.co.kr	금융투자협회	http://www.kofia.or.kr
전국은행연합회	http://portal.kfb.or.kr	한국신용정보원	http://www.kcredit.or.kr
한국예탁결제원	http://www.ksd.or.kr	생명보험협회	http://www.klia.or.kr
손해보험협회	http://www.knia.or.kr	여신금융협회	http://www.crefia.or.kr
저축은행중앙회	http://www.fsb.or.kr	신협중앙회	http://www.cu.co.kr
새마을금고중앙회	http://www.kfcc.co.kr	산림조합중앙회	http://banking.nfcf.or.kr
우체국	http://www.epostbank.go.kr	한국대부금융협회	http://www.clfa.or.kr

출처: 금융 소비자 정보 포털

그래서 상속 포기와는 다른 '한정승인'이라는 제도가 있습니다. 상속의 한정승인은 상속인이 상속으로 취득하게 될 재산 한도에서 피상속인의 채무와 유증을 변제할 것을 조건으로 상속을 승인하는 것입니다. 쉽게 말해 물려받을 재산의 범위에서만 피상속인의 채무를 책임지는 것이므로, 이를 초과하는 범위의 채무는 상속인이 상속인 자신의 재산으로 변제할 의무는 없습니다. 따라서 폭탄 돌리기를 피하기 위해 피상속인의 상속인 중 한 명이 한정승인을 받은 뒤 나머지 상속인은 상속 포기를 하는 방법이 있습니다.

상속인은 승인 또는 포기를 하기 전에 상속재산을 조사할 수 있습니다(민법 제1019조 제2항). 상속인은 피상속인 명의의 예금, 대출, 보증, 증권계좌, 보험계약, 신용카드 관련 채무가 있는지를 금융감독원 본원 1층 금융민원센터 및 각 지원 또는 각 금융협회에서 상속인 등에 대한 금융거래조회로 파악할 수 있습니다.

한정승인은 상속개시가 있음을 안 날부터 3개월 이내에 할 수 있기 때문에 기간을 신경 써야 합니다. 상속인은 상속재산 목록을 첨부하여 상속 개시지의 가정법원에 한정승인 신고를 하면 됩니다.

다만 상속포기나 한정승인을 하기 전에 상속재산을 처분하면 법정단순승인이 되어 피상속인의 모든 채무를 상속인이 갚아야 합니다. 그 뒤에 상속포기나 한정승인을 해도 효력이 없으므로 주의해야 합니다.

또한 피상속인 명의의 자동차나 부동산을 매각하거나 예금을 인출하거나 피상속인의 전세금, 임대차보증금을 수령하면 상속재산을 처분한 것으로 보기 때문에 주의하여야 합니다.

아버지가 아들의 돈을 횡령했는데
벌하지 않는다고요?

그렇습니다. 친족상도례 때문인데, 친족상도례는 친족 간의 재산 범죄에 대해서는 처벌을 면제하는 형법 규정입니다. 형법 제328조의 친족상도례는 직계혈족이나 배우자, 동거친족, 동거가족 등 사이에서 벌어진 절도나 사기, 횡령 등 재산범죄를 처벌하지 않도록 규정하고 있고, 그 외의 친족이 저지른 재산범죄는 고소가 있어야 공소를 제기할 수 있는 친고죄*로 규정하고 있습니다.

이에 따라 형제의 경우에는 같이 살 때만 친족상도례가 적용되나 아버지는 직계혈족이므로 함께 살지 않더라도 자식 재산 횡령에 대한 처벌을 받지 않습니다.

가까운 친족 사이에는 재산을 공동으로 관리하고 쓰는 일이 많기 때문에 친족 간 재산범죄에 대해서는 국가 개입을 최소화하자는 취지에서 1953년 형법 제정과 함께 친족상도례를 도입했습니다.

다만, 법인의 돈을 횡령한 경우에는 다릅니다. 아버지가 아들이 세운 법인의 돈을 횡령하면 횡령죄가 성립할 수 있습니다. 법인은 별도의 인격체라 친족상도례가 적용되지 않기 때문입니다.

또한 오늘날 친족에 대한 인식이 변화한 데다 친족을 대상으로 한 재산범죄의 심각성이 커지고 있어 이 제도를 변경 또는 폐지하자는 목소리가 높아지고 있습니다.

제 강아지가 사람을 물었는데
어떻게 하죠?

강아지가 사람을 물면 주인이 책임을 져야 합니다. 반려견이 물어서 다른 사람이 다치면 그 반려견의 주인은 (형사적으로는) 과실치상죄로 처벌받을 수 있습니다. 일반적으로 주인은 벌금 100만 원에서 300만 원의 약식명령을 받으나 안전조치를 제대로 취하지 않았으면 징역형까지도 선고받을 수 있습니다. 그뿐만 아니라 (민사적으로는) 피해자 치료비와 위자료와 같은 손해배상책임을 질 수 있습니다.

반려동물이 직접 사람을 물지 않았더라도 반려동물을 피하다가 상처를 입거나 놀라 넘어져 다치면 주인에게 그 책임이 있다고 봅니다.

동물보호법에서는 반려견과 외출할 때 반드시 목줄 또는 가슴줄을 하거나 이동장치를 해야 한다고 정해놓았습니다. 다만 3개월 미만인 개를 직접 안고서 외출할 때에는 예외적으로 이런 안전조치를 하지 않아도 됩니다(동물보호법 시행규칙 제12조 제1항 단서). 이를 위반하여 안전조치를 하지 않으면 1차 위반 시 20만 원, 2차 30만 원, 3차 50만 원을 과태료로 부과받을 수 있습니다(동물보호법 제47조 제3항 제4호, 동물보호법 시행령 제20조 제1항 및 별표 제2호 아목).

3개월 이상 된 도사견, 핏불테리어, 로트와일러와 같이 사람의 생명이나 신체에 위해를 가할 우려가 있는 맹견의 소유자는 외출 시 목줄과 입마개 등 안전조치를 하거나, 맹견의 탈출을 방지할 적정한 이동장치를 사용해야 합니다.

동물보호법에서 정한 맹견의 종류

- 도사견과 그 잡종의 개
- 아메리칸 핏불테리어와 그 잡종의 개
- 아메리칸 스태퍼드셔 테리어와 그 잡종의 개
- 스태퍼드셔 불 테리어와 그 잡종의 개
- 로트와일러와 그 잡종의 개

또한 매년 교육을 3시간 이수해야 합니다. 이를 위반하여 안전장치와 이동장치를 하지 않으면 1차 위반 시 100만 원, 2차 200만 원, 3차 300만 원을 과태료로 부과받을 수 있고(동물보호법 제47조 제1항 제2호의3, 동물보호법 시행령 제20조 제1항 및 별표 제2호 카목) 이로써 사람의 신체를 상해에 이르게 하면 징역 또는 2천만 원 이하의 벌금에 처해집니다.

더 알아보기

반려견에게 인식표 붙이기

반려견 소유자는 반려견의 분실을 방지하고자 소유자 성명, 전화번호, 동물등록번호(등록한 동물만 해당)를 표시한 인식표를 반려견에게 부착해야 합니다(동물보호법 제13조 제1항, 동물보호법 시행규칙 제11조).

이를 위반하여 인식표를 부착하지 않으면 50만 원 이하의 과태료를 부과받을 수 있습니다(동물보호법 제47조 제3항 제3호, 동물보호법 시행령 제20조 제1항 및 별표 제2호 사목). 또한 사람이나 가축에 해를 끼치는 버릇이 있는 반려동물을 함부로 풀어놓거나 제대로 살피지 않아 나돌아다니게 하면 10만 원 이하의 벌금, 구류 또는 과료에 처해지거나 5만 원의 범칙금을 부과받을 수 있습니다.

⑩

강아지를 버리면
전과자가 된다고요?

반려동물을 버리면 동물보호법 위반으로 전과자가 될 수 있습니다. 특히 맹견을 버리면 2년 이하의 징역 또는 2천만 원 이하의 벌금에 처해질 수 있고(동물보호법 제46조 제2항 제1호의2) 동물을 학대* · 살해하면 징역형까지 받을 수 있습니다.

🗨 용어 설명

- **동물학대**
  동물을 대상으로 정당한 사유 없이 불필요하거나 피할 수 없는 신체적 고통과 스트레스를 주는 행위, 굶주림이나 질병 등에 대해 조치를 게을리하거나 방치하는 행위

동물보호단체인 동물자유연대가 농림축산검역본부 동물보호관리시스템의 자료를 분석해 발간한 〈2021년 유실·유기동물 보고서〉를 보면 동물 유실·유기 사건이 2021년에만 약 11만 6,984건 발생했습니다. 그중 가족을 찾아 반환된 건수는 1만 4,006건(12%), 새 주인을 만나 입양된 건수는 3만 8,044건(32.5%)이었으나 3만 209건(25.8%)은 보호 도중 자연사하였고 1만 8,406건(15.7%)은 안락사되었습니다.

최근 동물보호법이 개정되면서 동물을 유기하면 최대 300만 원 이하의 벌금형을 선고받을 수 있습니다(동물보호법 제46조 제4항 제1호). 벌금형은 형사처벌이라 전과기록이 남으므로 반려동

⬤ 더 알아보기

연인이 동거하며 함께 키운 개, 고양이는 헤어지면 누구 소유?

동물보호법에 따라 2개월령 이상의 반려견 소유자는 반려견 등록이 의무화되어 이를 위반하면 과태료를 내야 합니다. 그러나 반려묘 소유자의 경우 등록이 의무는 아니고 보호자의 선택사항입니다. 따라서 고양이는 등록되어 있지 않을 수도 있습니다.

또한 등록되어 있어도 언제나 등록자가 소유권을 가지는 것이라 볼 수는 없습니다. 헤어진 연인 간 또는 가족 간에 반려동물의 소유권을 두고 분쟁이 발생한 경우, 그 반려동물을 구입 또는 입양할 당시 비용을 누가 부담하였는지, 평소 그 반려동물을 누가 보살펴왔는지가 영향을 미치기 때문입니다.

물을 버리면 전과자가 될 수 있습니다.

반려동물을 학대하면 2년 이하의 징역 또는 2천만 원 이하의 벌금에 처해집니다(동물보호법 제46조 제2항 제1호). 또 동물학대 행위 사진 또는 영상물을 판매·전시·전달·상영하거나 인터넷에 게재한 자는 300만 원 이하의 벌금에 처해집니다.

반려동물을 학대하고 있다는 신고가 접수되면 관할 지방자치단체장은 동물학대 행위를 중지하는 명령을 할 수 있고, 소유자로부터 학대를 받아 적정하게 치료·보호받을 수 없다고 판단되는 동물은 3일 이상 소유자로부터 격리하여 치료·보호받을 수 있습니다(동물보호법 제39조 제1항 제3호·제14조 제1항, 동물보호법 시행규칙 제46조 제1호·제14조).

11

근로기준법이 적용되지 않는
회사가 있다고요?

결론부터 말하면 그렇습니다. 동거하는 친족만을 사용하는 사업
(장)과 가사사용인에게는 근로기준법이 적용되지 않습니다(근로
기준법 제11조 제1항). 왜냐하면 이들은 근로자로 보지 않기 때
문입니다(근로기준법 제11조 제1항 단서, 근로자퇴직급여 보장법
제3조 단서, 기간제 및 단시간근로자 보호 등에 관한 법률 제3조
제1항 단서).

가사사용인은 개인 가정의 운전기사나 가사도우미, 주택관리
인을 예로 들 수 있습니다. 영화 〈기생충〉에 나오는 운전기사 기
택, 가사도우미 충숙과 문광 모두 근로기준법이 적용되지 않습
니다.

그렇다면 근로기준법이 적용되는 기준은 무엇일까요? '상시근로자 수 5인'이 기준입니다. 상시근로자 수가 5인 이상인 사업장에는 모든 근로기준법이 적용되고 상시근로자 수가 1~4인인 사업장에는 근로기준법의 일부 규정만 적용됩니다.

5인 이상 사업장부터 적용되는 근로기준법

연장수당	법정근로시간 이상 근무하면 연장근로수당 지급
야간수당	밤 10시부터 새벽 6시 사이에 근무하면 야간근로수당 지급
휴일수당	주휴일, 근로자의날 근무하면 휴일근로수당 지급
연차유급휴가	1년 동안 80% 이상 근무하면 15일의 유급휴가 지급
생리휴가	여성 근로자가 청구하면 생리휴가 1일 지급
부당해고 구제 절차	정당한 이유 없이 해고하는 경우 근로자가 노동위원회에 구제 신청 가능

상시근로자 수가 1~4인인 5인 미만 사업장이라 하더라도 근로기준법에서 완전히 자유로운 것은 아닙니다. 이 경우에도 최저임금, 해고 예고, 해고금지 기간, 퇴직급여, 근로조건 명시, 휴게, 주휴일, 출산휴가, 육아휴직 규정은 적용됩니다.

12

상시근로자 수는
어떻게 계산하나요?

상시근로자 수는 산정기간을 기준으로 그동안 근로한 모든 근로자의 연인원을 같은 기간 중의 가동 일수로 나누어 산정합니다. 산정기간은 해당 사업(장)에서 근로시간 적용, 휴업수당 지급 등 법을 적용할지 판단해야 하는 사유가 발생한 날을 기준으로 이전 1개월을 의미합니다. 가동일수는 1개월 동안 실제로 근로자를 사용한 날입니다. 근로자 계산에는 고용 형태를 가리지 않아 통상근로자(정규직)뿐만 아니라 외국인 근로자, 인턴, 아르바이트생이 모두 포함됩니다.

따라서 본인 사업장이 정규직은 5명이 되지 않더라도 산정기간 동안은 아르바이트생이나 인턴이 있었다면 그 시기에 발생한 사건에 대해서는 모든 근로기준법이 적용되는 5인 이상 사업장이 될 수 있습니다.

연장·야간·휴일 근로에 대한 가산지급이나 보상휴가제 규정은 5인 이상 사업장부터 적용됩니다. 따라서 수당 없는 연장근로는 근로기준법상 임금 체불이 되기 때문에 위와 같이 계산한 결과 산정기간 동안의 상시근로자가 5인 이상인 사업장이라면 반드시 아르바이트생에게 연장근로 가산 수당을 주어야 합니다.

▶ 더 알아보기

가사노동자의 권리를 보장하는 법 시행

가사노동자들에게 4대보험을 적용하고 최저임금, 주휴수당과 연차휴가, 퇴직금 등을 주도록 하는 가사근로자의 고용개선 등에 관한 법률(약칭 '가사근로자법')이 제정되어 2022년 6월 16일부터 시행되고 있습니다.

하지만 조건이 있어서 '정부 인증을 받은 제공기관이 고용해서 파견한 경우'(가사근로자를 5명 이상 유급으로 고용하고 대표자 외에 관리 인력을 고용하는 등 인증 요건을 갖춘 법인)에 한하여 통상의 노동자 권익을 보장합니다. 따라서 일반 가정에서 고용한 가사노동자는 근로기준법상 권리를 보장받지 못합니다.

13

회사 단톡방에서 욕하는 것도
직장 내 괴롭힘인가요?

직장 내 괴롭힘 신고는 다음 표와 같이 2019년 7월 '직장 내 괴롭힘 금지법' 시행 이후 매년 증가하고 있습니다.

근로기준법에는 '사용자 또는 근로자는 직장의 지위 또는 관계 등의 우위를 이용하여 업무상 적정 범위를 넘어 다른 근로자에게 신체적 · 정신적 고통을 주거나 근무 환경을 악화시키는 행위를 직장 내 괴롭힘 행위로 규정하고 있습니다.

메신저 단체 대화방에서 직원 중 누군가의 이름을 거론하면서 욕설을 한다면 직장 내 괴롭힘이 될 수 있습니다. 직원에 대한 욕설은 '정신적 고통을 주는 행위'이기 때문입니다.

상급자나 동료가 아닌 하급자가 한 경우라도 직장 내 괴롭힘

직장 내 괴롭힘 유형별 신고 현황 (단위: 건)

기간	계	폭언	부당 인사 조치	험담, 따돌림	차별	업무 미부여	강요	폭행	감시	사적 용무 지시	기타
'19. 07. 16~ '20. 12. 31	2,437	1,908	611	298	56	79	73	42	33	3	144
'20. 01. 01~ '20. 12. 31	7,398	2,475	1,065	876	254	231	82	190	214	80	1,931
'21. 01. 01~ '21. 11. 30	7,507	2,626	1,019	826	219	192	104	178	203	78	2,062

※ 중복신고 가능　　　　　　　　　출처: 고용노동부 직장 내 괴롭힘 유형별 신고 현황(직장갑질119 참고)

가해자가 될 수 있습니다. 서울행정법원은 피해자의 하급자가 상급자인 과장과 함께 사내 메신저로 피해자에 관한 욕설을 한 사안에서 가해자가 직장 내에서 피해자보다 직급이 낮더라도 선임자와 합세해 지위나 관계상의 우위를 점해 피해자에게 신체적·정신적 고통을 주고 근무 환경을 악화시켰다면 직장 내 괴롭힘에 해당한다고 판단한 경우가 있습니다.

　직장 내 괴롭힘을 당한 피해 근로자는 가해자에게 민법상 손해배상청구를 할 수 있고, 사용자에 대해서는 사용자 책임을 물어 손해배상청구를 할 수 있습니다.

　만일 가해자의 행위가 모욕이나 폭행·상해 등 형법상 구성요건을 충족하면 형사 고소도 가능합니다. 또한 메신저 단체 대화방에서 한 욕설이 다른 대화자에게 전파되었기 때문에 이 경우에는 형사상 모욕죄도 성립해 형사처벌을 받을 수 있습니다.

직장 내 괴롭힘을 당한 근로자는 괴롭힘과 관련하여 녹음된 녹취본이나 메신저나 모바일 대화 내용 등을 미리 확보하여 직장 내 괴롭힘이 있었다는 사실을 증명할 필요가 있습니다. 이런 것이 없다면, 괴롭힘을 당할 당시에 썼던 일기나 다른 사람과 나

직장 내 괴롭힘 사례

폭행, 협박,
지속/반복적인
폭언 등

근로계약서 등에
명시되어 있지 않은
허드렛일만 시키거나
일을 거의 주지 않는 것

의사와 상관없이
음주/흡연/회식 참여를
강요함

집단 따돌림,
업무 수행과정에서의
의도적 배제/무시

신체적인
위협이나 폭력을
가하거나 욕설

정당한 이유 없이
업무 능력이나 성과를
인정하지 않거나 조롱

출처: 고용노동부 카드뉴스

눈 대화도 증거가 될 수 있고, 직장 내 괴롭힘으로 인한 정신과 진료 기록도 증거가 될 수 있습니다.

직장 내 괴롭힘과 관련한 내용은 사용자로서도 주의 깊게 보아야 합니다. 법원은 사용자에게 근로자를 보호해야 하는 의무가 있다고 보아 사용자가 근로기준법상 직장 내 괴롭힘 행위를 직접 한 경우뿐 아니라 직장 내 괴롭힘을 예견·예방할 수 있었음에도 이를 방지하지 못한 경우에도 손해배상책임을 진다고 보았습니다.

그러나 사용자의 책임이 항상 인정되는 것은 아닙니다. 서울중앙지법은 사용자가 직장 내 모든 인간관계의 갈등 상황에 대해 근로기준법에 따른 조치를 해야 하는 것은 아니라며 문제가 된 행위가 직장 내 괴롭힘으로 인정되려면 사용자의 제재나 조치가 가능한 업무 관련성이 있는 상황에서 발생해야 한다고 보며, 가해자의 직장 내 괴롭힘 행위가 있더라도 이것이 회사의 사무집행과 관련된 게 아니라면 회사에 손해배상책임이 없다고 보았습니다.

만일 사용자와 사용자 친인척이 직장 내 괴롭힘 행위자일 경우 천만 원 이하의 과태료를 부과해 좀 더 엄중하게 처벌하고 있고, 최근에는 최초로 직장 내 괴롭힘과 관련한 불리한 처우에 대해 사용자에게 징역형을 준 판결이 있는 등 사용자의 책임을 점차 폭넓게 보는 경향이 있습니다(직장갑질119 직장 내 괴롭힘 판례 및 사례 분석보고서 참조).

사용자는 피해자의 신고로 괴롭힘 사실을 확인한 후 피해자의 의사에 따라 근무 장소 변경, 유급휴가 명령 등 적절한 조치를 해야 하며, 이 경우 사용자는 피해 근로자 등의 의사에 반하는 조치를 해서는 안 된다고 정하고 있습니다. 또한 사용자는 직장 내 괴롭힘 발생 사실을 신고한 근로자와 피해 근로자 등에게 해고나 그 밖의 불리한 처우를 해서는 안 됩니다.

14

어디까지가
직장 내 성희롱인가요?

직장 내 성희롱은 사업주·상급자 또는 근로자가 직장에서의 지위를 이용하거나 업무와 관련하여 다른 근로자에게 성적 언동 등으로 성적 굴욕감 또는 혐오감을 느끼게 하거나 성적 언동 또는 그 밖의 요구 등에 따르지 아니하였다는 이유로 근로조건 및 고용에서 불이익을 주는 것을 말합니다(남녀고용평등과 일·가정 양립 지원에 관한 법률 제2조 제2호).

외모에 대한 성적 비유나 음란물을 보여주는 성희롱은 직장 밖에서 하는 경우엔 범죄로 처벌되지는 않지만, 이 경우에도 민사상 손해배상을 물을 수 있습니다.

이런 성희롱이 직장 내에서 일어나는 것을 직장 내 성희롱이라고 하며, 직장에서 해고, 감봉, 징계 사유가 될 수 있고 민사상 손해배상도 역시 물을 수 있습니다.

성별에 관계없이 여성·남성 근로자 모두 직장 내 성희롱의 피해자가 될 수 있습니다. 남성의 남성에 대한 성희롱, 여성의 여성에 대한 성희롱도 모두 인정될 수 있습니다. 아르바이트나 파트 타임 등 비정규직 근로자도 피해자가 될 수 있고, 업무에 연속성이 있고 같은 공간에서 근무한다면 협력업체 근로자도 피해자가 될 수 있습니다.

채용과정에 있는 구직자에게 면접 과정에서 성희롱적 질문을 한다면 이것도 직장 내 성희롱이 됩니다. 퇴직했더라도 그 성희롱 당시 근로자였다면 성희롱 피해자로 봅니다.

성희롱의 가해자가 꼭 회사 사람일 필요는 없습니다. 고객 등 업무와 관련 있는 사람이 업무수행 과정에서 성적 언동 등을 하여 근로자에게 성적 굴욕감 또는 혐오감 등을 느끼게 하면 이 또한 성희롱이 되므로 성희롱을 당한 피해자는 사업주에게 근무 장소의 변경 등 일정한 조치를 요구할 수 있습니다.

일하는 과정에서 성적인 말이나 행동이 있는 경우뿐 아니라 가해자가 자신의 지위를 이용하거나 업무와 관련된 것을 빙자하여 성적인 말이나 행동을 했다면 퇴근길이나 회식, 야유회 등과 같이 회사 밖 혹은 근무시간이 아닐 때도 성희롱에 해당할 수 있습니다.

육체적 행위	• 입맞춤, 포옹, 뒤에서 껴안기 등 신체적 접촉행위 • 가슴, 엉덩이 등 특정 신체 부위를 만지는 행위 • 안마나 애무를 강요하는 행위
언어적 행위	• 음란한 농담을 하거나 음탕하고 상스러운 이야기를 하는 행위 (전화통화 포함) • 외모에 대한 성적인 비유나 평가를 하는 행위 • 성적인 사실관계를 묻거나 성적인 내용의 정보를 의도적으로 유포하는 행위 • 성적인 관계를 강요하거나 회유하는 행위 • 회식 자리 등에서 무리하게 옆에 앉혀 술을 따르도록 강요하는 행위 등
시각적 행위	• 음란한 사진, 그림, 낙서, 출판물 등을 게시하거나 보여주는 행위 • 직접 또는 팩스나 컴퓨터 등을 이용해 음란한 편지, 사진, 그림을 보내는 행위 • 성과 관련된 자신의 특정 부위를 고의적으로 노출하거나 만지는 행위

출처: 고용노동부

이때 사업주는 근로자가 성희롱 피해를 주장하거나 고객 등의 성적 요구 등에 따르지 아니하였다는 것을 이유로 해고나 그 밖의 불이익한 조치를 해서는 안 됩니다(남녀고용평등과 일·가정 양립 지원에 관한 법률 제14조의2 제2항).

직장 내 성희롱이 발생하면 사업주는 신고받은 즉시 사실 확인 조사를 해야 하며, 피해자의 근무 장소를 바꾸거나 유급 휴가를 주는 등 적절한 조치를 해야 합니다.

사업장에서 성희롱이 발생했는데 아무런 조치를 하지 않은 경우 사업주에게 과태료를 부과할 수 있습니다. 만일 사업주가 피해 근로자에게 불리한 조치를 했다면 사업주에게 3천만 원 이하의 벌금을 부과할 수 있습니다.

직장에서 성희롱 가해자를 처벌하거나 징계하는 기준은 그 회사의 취업규칙이나 단체협약 등의 절차에 따릅니다. 따라서 근로자는 사업장에서 가해자에게 아무런 조치를 하지 않거나 오히려 피해자에게 해고와 같이 불리한 조치를 한 경우 사업장 소재지 관할 노동지청에 신고할 수 있습니다. 그러면 해당 노동지청에서 사실관계를 조사하여 사업주의 위반 여부를 판단 처리하며, 이때 성희롱 예방교육 실시 여부도 함께 조사하게 됩니다(사업주가 이를 위반하여 해고 등 불이익한 조치를 하면 성희롱 피해자는 지방고용노동관서에 신고하거나 노동위원회에 구제신청을 할 수 있습니다).

만일 말을 하는 것을 넘어서 강제적인 신체 접촉이 있으면 강제추행으로 범죄가 될 수도 있습니다. 이때는 직장 내인지 밖인지 구분하지 않고 형사처벌 대상이 되며, 그 가해자를 사업장 소재지 관할 경찰서에 신고하면 해당 경찰서에서 판단하여 처벌 여부를 결정하게 됩니다.

그중에서도 특히 직장 내에서 상급자가 자신의 지위를 이용해

부하 직원을 추행한 경우 성폭력범죄의 처벌 등에 관한 특례법상 업무상 위력 등에 의한 추행죄가 성립되어 일반적 추행보다 더욱 강하게 처벌됩니다.

알바 지원생과 점주 사이에도
업무상 위력에 의한 추행이 된다고요?

알바생을 채용할 권한이 있는 점주가 그 지위를 이용하여 피해자가 현실적으로 신체적 접촉을 거부할 수 없는 상황이었다면 업무상 위력에 의한 추행죄가 될 수 있습니다.

성범죄에서 중요한 것은 상대의 동의가 있었느냐입니다. 대법원은 업무나 고용 등으로 갑을관계인 경우 성관계 '동의'를 엄격하게 해석합니다. 성폭행이나 성추행은 폭행이나 협박이 있어야 한다고 보지만, 갑을관계에 있다면 위계˚나 위력˚만으로도 성범죄가 될 수 있습니다.

성폭력 범죄의 처벌 등에 관한 특례법 제10조(업무상 위력 등에 의한 추행)에서는 업무, 고용이나 그 밖의 관계로 자기의 보

- **위계**
  다른 사람의 무지나 신뢰를 이용하는 것. 거짓말이나 유혹으로 착오와 오류에 빠지게 만드는 것이다.
- **위력**
  피해자의 자유의사를 제압하기에 충분한 힘. 폭행·협박뿐만 아니라 사회적·경제적·정치적인 지위나 권세를 이용하는 것도 가능하며, 현실적으로 피해자의 자유의사가 제압될 필요는 없다.

호·감독을 받는 사람에 대하여 위계 또는 위력으로 추행한 사람은 3년 이하의 징역 또는 1,500만 원 이하의 벌금에 처한다고 규정하였습니다. 점주가 아르바이트생 혹은 아르바이트를 지원하는 사람과 성관계를 했을 때, 그것이 동의에 따랐다고 인정되기가 더 어렵다는 것을 의미합니다.

편의점을 운영하는 피고인이 아르바이트 구인 광고를 보고 연락한 피해자를 채용을 빌미로 주점으로 불러내 취업 의사를 확인하는 등 면접을 하고, 이어서 피해자를 피고인의 집으로 유인하여 피해자의 성기를 만지고 피해자에게 피고인의 성기를 만지게 한 행위를 한 경우, 업무상 위력 등에 의한 추행으로 징역형을 선고받은 사례가 있습니다.

법원은 피고인이 채용 권한을 가지고 있는 지위를 이용 피해자의 자유의사를 제압하여 피해자를 추행하였다고 판단하였습니다. 폭행이나 협박이 없었으나 법원에서는 알바생을 채용할 권한이 있는 점주가 그 지위를 이용한 것으로 본 것입니다. 이처럼 현실적으로 피해자가 신체적 접촉을 거부할 수 없는 상황이었다면 업무상 위력에 의한 추행죄가 인정될 수 있습니다.

또한 꼭 성욕을 자극·흥분·만족시키려는 목적이 있어야 하는 것도 아니기 때문에 아무 의미 없이 피해자의 어깨를 주무르는 등의 행위를 하였다고 하더라도 그것이 필요 이상으로 반복되었다면 그 자체로 충분히 성적인 의미를 가지고 성적 수치심을 주는 추행에 해당하므로 처벌될 수 있습니다.

16

대학원생은 법률상
사람이 아니라고요?

대학원생은 사람이 아니라는 농담을 들어본 적이 있나요? 법에 따르면 대학원생은 아직 '사람'이 아닙니다. 근로기준법은 '사람'에게 적용됩니다. 그러나 현행법에 따르면 대학원생은 근로기준법상 '사람'에 해당하지 않기 때문에 이 법의 보호를 받지 못합니다. 대학원생이 근로기준법의 사람에 해당하지 않는 이유는 다른 근로자와 달리 대학원생은 학생 신분도 가지고 있기 때문입니다.

그래서 대학원생들에게는 근로기준법상의 근로자에게 보장되는 최저임금이나 휴일 보장, 근로기준계약서 작성과 같은 기본적 권리가 필수적으로 보장되는 것은 아니었습니다. 다만 현재

근로기준법 제2조 제1항에서 말하는 '사람'

근로기준법

[시행 2021. 11. 19.] [법률 제18176호, 2021. 5. 18., 일부개정]

고용노동부(임금근로시간과 - 근로시간), 044-202-7973
고용노동부(임금근로시간과 - 유연근로시간제), 044-202-7549

제1장 총칙

□ **제1조(목적)** 이 법은 헌법에 따라 근로조건의 기준을 정함으로써 근로자의 기본적 생활을 보장, 향상시키며 균형 있는 국민경제의 발전을 꾀하는 것을 목적으로 한다.

□ **제2조(정의)** ① 이 법에서 사용하는 용어의 뜻은 다음과 같다. <개정 2018. 3. 20., 2019. 1. 15., 2020. 5. 26.>

1. "근로자"란 직업의 종류와 관계없이 임금을 목적으로 사업이나 사업장에 근로를 제공하는 사람을 말한다.
2. "사용자"란 사업주 또는 사업 경영 담당자, 그 밖에 근로자에 관한 사항에 대하여 사업주를 위하여 행위하는 자를 말한다.
3. "근로"란 정신노동과 육체노동을 말한다.
4. "근로계약"이란 근로자가 사용자에게 근로를 제공하고 사용자는 이에 대하여 임금을 지급하는 것을 목적으로 체결된 계약을 말한다.
5. "임금"이란 사용자가 근로의 대가로 근로자에게 임금, 봉급, 그 밖에 어떠한 명칭으로든지 지급하는 모든 금품을 말한다.
6. "평균임금"이란 이를 산정하여야 할 사유가 발생한 날 이전 3개월 동안에 그 근로자에게 지급된 임금의 총액을 그 기간의 총일수로 나눈 금액을 말한다. 근로자가 취업한 후 3개월 미만인 경우도 이에 준한다.
7. "1주"란 휴일을 포함한 7일을 말한다.
8. "소정(所定)근로시간"이란 제50조, 제69조 본문 또는 「산업안전보건법」 제139조제1항에 따른 근로시간의 범위에서 근로자와 사용자 사이에 정한 근로시간을 말한다.
9. "단시간근로자"란 1주 동안의 소정근로시간이 그 사업장에서 같은 종류의 업무에 종사하는 통상 근로자의 1주 동안의 소정근로시간에 비하여 짧은 근로자를 말한다.

② 제1항제6호에 따라 산출된 금액이 그 근로자의 통상임금보다 적으면 그 통상임금액을 평균임금으로 한다.

국회에서 대학원생도 사람에 포함한다는 개정안이 발의되어 있기 때문에 대학원생도 곧 근로기준법상의 '사람'이 될 여지도 있습니다.

17

직장에서 다쳤는데
산업재해가 인정되나요?

업무상 재해를 당한 근로자는 산업재해보상 보험급여를 받을 수 있습니다. 이때 업무상 재해는 업무상의 사유에 따른 근로자의 부상·질병·장해 또는 사망입니다.

근로자가 업무상 사고 또는 업무상 질병(직장 내 괴롭힘, 고객의

용어 설명

- **상당인과관계**相當因果關係
  범죄 발생과 원인의 관계에 관한 유형의 하나로, 어떤 원인이 있으면 보통 그러한 결과가 발생하리라고 인정되는 관계

폭언 등으로 인한 정신적 스트레스가 원인이 되어 발생한 질병 포함)에 해당하는 사유로 부상·질병 또는 장해가 발생하거나 사망하면 업무상 재해로 봅니다. 다만, 업무와 재해 사이에 상당인과관계*가 없으면 업무상 재해로 보지 않습니다.

📎 더 알아보기

중대재해처벌법, 2024년부터는 50인 미만 사업장에도 적용

중대재해처벌 등에 관한 법률(이하 '중대재해처벌법') 시행일은 2022년 1월 27일로 현재는 상시근로자가 5명 이상인 사업 또는 사업장에 적용되고 있지만 2024년 1월 27일부터는 상시근로자가 50명 미만인 사업 또는 사업장에도 중대재해처벌법이 적용될 예정입니다.

중대재해처벌법에서는 사업 또는 사업장에서 일하는 사람의 안전을 확보하기 위해 사업주 또는 경영책임자에게 의무를 부과하고, 경영책임자가 이러한 의무를 다하지 않아 중대산업재해가 발생하면 처벌받을 수 있도록 규정을 두었으므로 법인 또는 기관의 경영책임자라면 특히 잘 알아두어야 합니다.

중대재해는 중대산업재해와 중대시민재해를 말하며, 중대산업재해란 산업안전보건법 제2조 제1호에 따른 산업재해 중 사망자가 1명 이상 발생하거나 동일한 사고로 6개월 이상 치료가 필요한 부상자가 2명 이상 발생한 경우 또는 동일한 유해요인으로 급성중독 등 대통령령으로 정하는 직업성 질병자가 1년 이내에 3명 이상 발생한 경우로 심각한 재해를 말합니다.

우선 '산업재해'로 인정받아야 중대산업재해도 될 수 있습니다. 고용노동부의 중대재해처벌법 해설서에 따르면 이때 재해는 반드시 중대산업재해만을 의미하는 것은 아니어서 경미하더라도 반복되는 산업재해도 포함하는 개념입니다. 사소한 사고도 반복되면 큰 사고로 이어질 위험이 있으므로 경미한 산업재해라 하더라도 그 원인 분석, 재발방지 조치로 중대산업재해를 초기에 예방할 필요가 있다고 본 것입니다.

중대시민재해는 특정 원료 또는 제조물, 공중이용시설 또는 공중교통수단의 설계, 제조, 설치, 관리상 결함을 원인으로 발생한 재해로 사망자가 1명 이상 발생하거나, 동일한 사고로 2개월 이상 치료가 필요한 부상자가 10명 이상 발생한 경우 혹은 동일한 원인으로 3개월 이상 치료가 필요한 질병자가 10명 이상 발생한 경우입니다. 다만, 중대산업재해에 해당하는 재해는 제외합니다.

중대재해처벌법은 개인 사업주 또는 경영책임자 등이 이 법에 따른 안전 보건 확보의무를 위반하였다고 하여 바로 처벌하는 것은 아닙니다. 중대재해처벌법은 개인 사업주 또는 경영책임자 등이 이 법 제4조 또는 제5조의 안전 및 보건 확보의무를 위반하여 중대산업재해에 이르게 한 경우에 처벌합니다. 고용노동부의 중대재해처벌법 해설서에서는 이 규정의 의미에 대하여 중대재해처벌법은 사업주인 법인에 대한 처벌이 아닌 개인 사업주 또는 경영책임자에게 직접적으로 의무를 부과하고 그 의무를 위반하여 발생한 중대산업재해에 대하여 법 위반 주체로 처벌하는 것으로 보고 있습니다.

중대재해처벌법

제6조(중대산업재해 사업주와 경영책임자 등의 처벌)

① 제4조 또는 제5조를 위반하여 제2조 제2호 가목[사망]의 중대산업재해에 이르게 한 사업주 또는 경영책임자 등은 1년 이상의 징역 또는 10억원 이하의 벌금에 처한다. 이 경우 징역과 벌금을 병과할 수 있다.

---

② 제4조 또는 제5조를 위반하여 제2조 제2호 나목 또는 다목[부상 또는 직업성 질병 재해]의 중대산업재해에 이르게 한 사업주 또는 경영책임자 등은 7년 이하의 징역 또는 1억 원 이하의 벌금에 처한다.

③ 제1항 또는 제2항의 죄로 형을 선고받고 그 형이 확정된 후 5년 이내에 다시 제1항 또는 제2항의 죄를 저지른 자는 각 항에서 정한 형의 2분의 1까지 가중한다.

제7조(중대산업재해의 양벌규정) 법인 또는 기관의 경영책임자 등이 그 법인 또는 기관의 업무에 관하여 제6조에 해당하는 위반행위를 하면 그 행위자를 벌하는 외에 그 법인 또는 기관에 다음 각호의 구분에 따른 벌금형을 과(科)한다. 다만, 법인 또는 기관이 그 위반행위를 방지하기 위하여 해당 업무에 관하여 상당한 주의와 감독을 게을리하지 아니한 경우에는 그러하지 아니하다.

1. 제6조 제1항의 경우: 50억 원 이하의 벌금
2. 제6조 제2항의 경우: 10억 원 이하의 벌금

18

고객의 폭언으로 생긴 질병도
업무상 재해가 되나요?

될 수 있습니다. 다만 업무상 사고 또는 업무상 질병으로 재해
(부상·질병·장해 또는 사망)가 발생하여야 합니다. 이때 업무상
질병에는 직장 내 괴롭힘, 고객의 폭언 등으로 인한 정신적 스트
레스가 원인이 되어 발생한 질병이 포함됩니다.

　만일 업무상 사고 또는 업무상 질병으로 재해가 발생하더라도
업무와 재해 사이에 상당인과관계가 없으면 업무상 재해로 보지
않습니다. 이때 그 인과관계는 해당 근로자의 건강과 신체조건
을 기준으로 해서 판단합니다. 다만 근로자의 고의·자해행위나
범죄행위 또는 그것이 원인이 되어 발생한 재해인 부상·질병·
장해 또는 사망은 업무상 재해로 보지 않습니다.

사내 축구동호회에서 축구하다가 사고를 당하면 업무상 재해?

근로자가 다친 것이 꼭 해당 근로자의 본래 업무행위 또는 그 업무의 준비나 정리를 위한 것이 아니라도 사업주의 지시나 주최로 이루어지는 행사 또는 취업규칙, 단체협약 그 밖의 관행에 따라 열리는 행사에 참가하는 등 그 행위과정이 사업주의 지배·관리 아래에 있다고 볼 수 있다면 업무상 재해가 될 수 있습니다.

산업재해는 근로기준법상의 근로자에게 인정되며, 여기서 근로자는 직업의 종류와 관계없이 임금을 목적으로 사업이나 사업장에 근로를 제공하는 사람을 말합니다(근로자퇴직급여 보장법 제2조 제1호 및 근로기준법 제2조 제1항 제1호).

19

근로자로 인정되는
기준이 따로 있나요?

'근로자'인지 판단할 때는 계약의 형식보다 실질이 중요합니다. 그래서 임원이라고 해도 대표이사의 지휘, 감독 아래 일정한 일을 담당하며 그 대가로 일정한 보수를 받으면 근로자가 될 수 있습니다.

그리고 미용학원 강사가 고용주로부터 구체적·개별적 지휘·감독을 받지 않았으며, 근로소득세가 아닌 사업소득세를 납부하였고 4대보험에도 가입되어 있지 않은데도 근로자로 인정된 사례가 있습니다.

기본급은 강사들의 강의시간에 비례하여 지급되는 것으로 담당과목과 강의시간에 따라 일정하지 않았고, 수강생이 없으면 담당과목을 폐강시키고 강사료도 지급하지 않았던 사정, 자신들의 강사료 수입에 대해 근로소득세가 아닌 사업소득세를 냈고, 강사료 수입에서 근로소득세를 원천징수하지 않고 사업소득세, 주민세만 공제한 나머지를 지급해온 사정, 건강보험·국민연금·고용보험·산재보험 등 이른바 '4대보험'에 위 학원의 사업장 근로자로 가입되지 않았던 사정, 피고인이 강사들에 대하여 복무·징계 등에 관한 취업규칙, 복무규정, 인사규정 등 일체의 규정을 정하지 않았던 사정들은 최근에 급격하게 증가하고 있는 시간제 근로자에게 일반적으로 나타나는 현상이거나 고용주가 경제적으로 우월한 지위에서 사실상 임의로 정한 사정들에 불과하다. 또한, 강사들이 고용주로부터 강의내용이나 방법 등에 관한 구체적·개별적인 지휘·감독을 받지 않은 것은 지적 활동으로 이루어지는 강의 업무의 특성에 기인하는 것일 뿐, 그들이 근로자가 아니었기 때문이라고 볼 수도 없다. 따라서 위와 같은 사정들만으로는 위 미용학원 강사의 근로자성을 부정할 수 없다(대법원 2007. 9. 7. 선고 2006도777 판결).

우체국보험관리사와 골프장 캐디는 근로자?

우체국보험관리사와 골프장에서 일하는 캐디가 근로자인지를 두고 다음과 같은 판결이 있습니다.

- 우체국에서 보험관리사로 근무하다가 퇴직한 甲 등이 퇴직금 등 지급을 구한 사안에서 우체국과 위탁계약을 체결하고 우체국에서 취급하는 보험의 계약 체결을 중개하며, 보유고객 관리, 보험료 수금 등 계약을 유지하는 업무와 관련 부수 업무를 수행하면서 우체국보험관리사 운영지침 등에 따라 보상금과 수당을 받아온 보험관리사는 우체국과 종속적인 관계에서 임금을 목적으로 근로를 제공하였다고 인정하기 어렵다는 이유로, 甲 등이 근로기준법상 근로자에 해당하지 않는다(대법원 2013. 6. 27. 선고 2011다 44276 판결).

- 골프장에서 일하는 캐디는 ① 골프장 시설운영자와 사이에 근로계약·고용계약 등의 노무공급계약을 전혀 체결하고 있지 않고, ② 그 경기보조업무는 원래 골프장 측이 내장객에 대하여 당연히 제공하여야 하는 용역 제공이 아니어서 캐디에 의한 용역 제공이 골프장 시설운영에 있어서 필요불가결한 것이 아니며, ③ 내장객의 경기보조업무를 수행한 대가로 내장객으로부터 직접 캐디 피(caddie fee)라는 명목으로 봉사료만을 수령하고 있을 뿐 골프장 시설운용자로부터는 어떠한 금품도 지급받지 아니하고, ④ 골프장에서 용역을 제공함에 있어 그 순번의 정함은 있으나 근로시간의 정함이 없어 자신의 용역 제공을 마친 후에는 골프장 시설에서 곧바로 이탈할 수 있고, ⑤ 내장객의 감소 등으로 인하여 예정된 순번에 자신의 귀책사유 없이 용역 제공을 할 수 없게 되더라도 골프장 시설운용자가 캐디 피에 상응

하는 금품이나 근로기준법 소정의 휴업수당을 전혀 지급하고 있지도 아니하며, ⑥ 내장객에 대한 업무 수행과정에서 골프장 시설운용자로부터 구체적이고 직접적인 지휘·감독을 받고 있지 않으며, ⑦ 근로소득세를 납부하고 있지 않고, ⑧ 내장객에 대한 경기보조업무 수행을 해태하여도 그 용역을 제공하는 순번이 맨 끝으로 배정되는 등의 사실상의 불이익을 받고 있을 뿐 달리 골프장 시설운용자가 캐디에 대하여 회사의 복무질서 위배 등을 이유로 한 징계처분을 하지 아니하는 등의 여러 사정을 종합하여 볼 때, 골프장 시설운영자에 대하여 사용종속관계하에서 임금을 목적으로 근로를 제공하는 규제 근로기준법 제14조 소정의 근로자로 볼 수 없다(대법원 2014. 2. 13. 선고 2011다78804 판결, 대법원 1996. 7. 30. 선고 95누13432 판결).

20

회사에 손해를 끼쳤는데,
제가 다 배상해야 하나요?

직원의 실수로 회사에 손해를 끼쳤다는 이유만으로 바로 회사가 직원에게 손해배상을 청구할 수 없습니다. 회사가 실수한 직원에게 손해배상을 청구하려면 직원의 고의 또는 과실로 인한 위법행위로 회사에 손해를 끼쳤어야 하기 때문입니다. 직원의 단순한 실수는 위법행위로 볼 수 없습니다. 또한 단순한 실수만으로 회사에 손해가 발생했다고는 볼 수 없습니다.

만일 직원이 일하는 과정에서 근로 의무나 그 외 부수적 의무를 위반해 회사에 중대한 손해를 끼쳤다면 회사에 대한 손해배상 책임을 질 수도 있습니다.

그렇지만 일반적으로 직원이 회사에 끼친 손해 전액이 아니라, 그 일부액만 손해배상을 청구할 수 있습니다. 회사 업무를 처리하는 과정에서 생긴 손해이므로 회사 역시 직원의 업무 처리를 감독할 책임이 있었다고 보기 때문입니다.

대법원은 이를 '손해의 공평한 부담이라는 견지에서 신의칙* 상 상당하다고 인정되는 한도' 내에서만 손해배상을 청구하거나 구상권을 행사할 수 있다며 직원의 회사에 대한 손해배상 책임을 제한하고 있습니다. 또한 이때 손해가 구체적으로 얼마인지, 그중 직원 책임이 어느 정도인지, 그 직원에게 고의나 과실이 있었는지를 회사가 증명해야 손해배상을 받을 수 있어 회사로서는 더욱 불리한 상황입니다.

🧑‍💼 용어 설명

● **신의칙**(信義則)
'신의성실 원칙'의 줄임말. 모든 사람은 사회의 일원으로서 상대편의 신뢰에 어긋나지 않도록 성의 있게 행동하여야 한다는 근대사법의 원칙

판례는 직원이 업무수행과 관련하여 불법행위로 사용자가 입은 손해 전부를 변제하기로 하는 각서를 써서 사용자에게 제출한 사실이 있다고 하더라도, 그와 같은 각서 때문에 사용자가 공

평의 견지에서 신의칙상 상당하다고 인정되는 한도를 넘는 부분에 대한 손해배상까지 구할 수 있게 되는 것은 아니라고 판시하였습니다. 이에 직원의 실수에 대한 손해배상 책임을 근로계약서나 별도 규정에 명시하더라도, 신의칙상 상당하다고 인정되는 범위 내에서만 손해배상을 청구하거나 구상권을 행사할 수 있습니다.

21

회사에서 부당하게 해고를 당했는데
어떻게 해야 할까요?

회사에서 정당한 이유 없이 부당해고를 당한 근로자는 노동위원회에 부당해고 구제신청을 할 수 있습니다. 부당해고 구제절차는 다음 그림과 같이 진행됩니다. 만약 이 신청이 기각되면 행정소송은 물론 해고무효확인의 소도 제기할 수 있습니다.

부당해고 구제절차가 복잡해 보이는데 이 과정에서 근로자가 법률지원을 받을 방법은 없을까요?

월평균 임금이 300만 원 미만인 근로자라면 권리구제 대리를 통한 법률지원을 받을 수 있습니다. 노동위원회는 월평균 임금이 300만 원 미만인 근로자가 부당해고구제신청을 한 경우에 그 근로자로부터 신청을 받아 무료로 변호사나 공인노무사를 대리인으로 선임하게 할 수 있습니다.

　대리인은 법률상담에서부터 구제신청 이유서, 답변서 작성과 제출, 심문회의 참석과 진술, 화해와 같이 사건 종료 시까지 일련의 법률 서비스를 지원하고 있습니다. 지원 요건을 갖추었다면 이 제도를 활용하여 법률지원을 받을 수 있습니다.

부당해고 구제절차

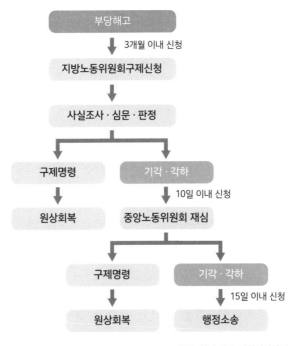

출처: 찾기 쉬운 생활법령정보

22

회사를 그만두면서 퇴직금을 못 받았는데 어떻게 하면 좋을까요?

퇴직금 또는 밀린 월급을 받지 못한 경우 바로 소송으로 가기 전에 시도해볼 방법이 있습니다. 사업장을 관할하는 지방노동청, 지청 등에 진정서를 내거나 고소하는 것입니다.

이후 근로감독관이 내린 시정지시를 사용자가 기한 내에 이행하지 않으면 수사가 착수되어 검찰로 송치될 수 있으며, 근로감독관은 신고인이 원하는 경우 체불임금확인원을 발급해주는데, 이것이 있으면 민사소송을 하기가 훨씬 수월해집니다.

퇴직금을 받으려고 소송할 때는 퇴직금 지급을 청구하는 민사소송을 하는 것이 원칙입니다. 그러나 실제로는 사용자 형사고소를 병행하는 경우가 많습니다. 형사소송과 민사소송은 다른 것이지만, 형사소송에서 유죄로 인정된 내용은 민사소송에서도 유력한 증거가 될 수 있기 때문입니다. 사용자가 근로자와 합의 없이 퇴직 후 14일 이내에 임금이나 퇴직금을 지급하지 않으면 사용자는 3년 이하의 징역 또는 3천만 원 이하의 벌금에 처해질 수 있습니다.

> **🔖 더 알아보기**
>
> ## 알아두면 돈 되는 퇴직금 관련 법률 상식
>
> - 퇴직금을 월급에 포함시키는 계약은 무효이므로, 이러한 내용의 근로계약서에 사인했다고 해도 퇴직금을 받을 수 있습니다.
>
> - 4대보험에 가입하지 않았어도 퇴직금을 지급해야 합니다.
>
> - 근로기준법은 '급여 지급 날짜에 당연히 급여를 지급해야 한다'고 규정되어 있기 때문에 직원이 업무상 실수로 회사에 손해를 끼친 것이 있다고 해도, 이와 무관하게 회사는 근로자에게 정해진 급여 날짜에 급여를 지급해야 합니다.
>
> - 근로계약서나 회사 취업규칙에 퇴직금 지급규정이 없어도, 상시근로자 수가 5인 이상인 사업장이면 근로자에게 퇴직금을 지급해야 합니다. 퇴직금은 근로자가 1년 이상 계속 근로를 제공하고 퇴직할 경우 지급하는 후불적 임금이기 때문입니다. 예외적으로 계속근로기간이 1년 미만인 근로자, 4주간 평균 1주간 소정근로시간이 15시간 미만인 근로자에게는 퇴직금을 지급하지 않아도 됩니다.

- 임금채권은 다른 채권과 정산되는 것이 아니므로 회사가 근로자에게 받을 다른 돈이 있다고 해도 근로자에게 임금채권 또는 퇴직금은 지급해야 합니다.

- 퇴직 시 퇴직금 포기 각서를 미리 작성했어도, 이는 무효이기 때문에 근로자는 퇴직금을 청구할 수 있습니다.

- 퇴직금은 3년 이내에 청구하지 않으면 시효가 끝나서 소멸됩니다. 시효를 연장하려면 퇴직금 지급을 촉구하는 내용증명을 보내두거나 사용자로부터 얼마를 언제까지 지급하겠다는 확인서를 받아두는 방법이 있습니다.

더 알아보기

진정서 제출 방법

진정서는 사업장 소재지 관할 노동지청에 직접 방문하여 제출하거나 인터넷을 이용해 진정하는 방법이 있습니다.

임금체불 진정신고서를 인터넷을 이용해 진정하는 방법을 예시로 들어보겠습니다. 인터넷 신청 방법은 고용노동부 홈페이지 → 민원 → 민원신청 → 임금체불 진정신고서 → 회원 가입 후 작성하거나 공인인증서로 로그인한 후 신청할 수 있습니다. 임금체불 진정서 예시는 다음과 같습니다.

○ 임금체불 진정서

▸ 진정인

(별도 법정서식은 없음)

·성 명	홍 길 동	·주민등록번호	790808-1******
·주 소	서울시 관악구 은천로 56		
·전화번호	02-123-4567	·휴대폰번호	010-123-4567
·이메일	hong@samplemail.com		
수신여부확인	⊙ 예 ○ 아니오 민원신청 처리상황을 문자메시지(SMS), E-mail 통해 정보를 제공받으실 수 있습니다.		

▸ 피진정인

·필수입력 항목입니다

·성 명	김 사업	·연락처	02-555-4567
·주 소	서울시 영등포구 영등포로 9999		
·사업체구분	⊙ 사업장 ○ 공사현장		
·회사명	한국회사(주)		
·회사주소 (실근무장소)	서울시 영등포구 영등포로 8888		
·회사전화번호	02-777-8888	근로자수	30명

▸ 진정내용

·입사일	2015-03-15	·퇴사일	2015-10-14
체불임금총액	3,000,000원	·퇴직여부	⊙ 퇴직 ○ 재직
체불퇴직금액		기타체불금액	
업무내용	영업		
임금지급일	매월 25일	근로계약방법	⊙ 서면 ○ 구두
·제 목	임금체불		
·내 용 (한글 500자 이내)	진정인은 2015.3.15. 한국회사(주)에 입사하여 7개월동안 근무하였으나, 회사사정이 어렵다는 이유로 2015.9월부터 2개월간 3,000,000원의 임금을 지급받지 못함.		

▸ 관할 고용노동관서 및 파일첨부 등

·관할 관서	
파일 첨부	

출처: 고용노동부 홈페이지

교통사고를 내서 피해자와 합의했는데
손해배상을 또 해야 하나요?

그럴 수 있습니다. 교통사고 합의는 형사소송 영역과 민사소송 영역으로 구분됩니다. 교통사고 피해자가 가해자의 처벌을 원치 않는다는 내용으로 형사상 합의를 했다고 해서 손해배상을 포기하고 합의금 중 일정한 금액을 받는 민사상 합의까지 한 것을 의미하지 않기 때문입니다. 교통사고는 손해배상뿐만 아니라 형사처벌을 받을 위험이 함께 있는 복합적인 사건입니다.

먼저 교통사고 사건 중에는 합의만 하면 형사처벌을 피할 수 있는 경우와 합의했어도 형사처벌을 피할 수 없는 경우가 있습니다. 교통사고로 사람이 사망했거나, 운전자가 음주운전이나 뺑소니 운전을 했을 때는 피해자와 합의했다고 해도 형사 절차가 그대로 진행되고, 민사적 손해배상 책임도 질 수 있습니다. 다만 형량을 정할 때 피해자 측과 합의했다는 사정이 반영될 수 있으므로 합의는 하는 것이 좋습니다.

합의만으로 형사처벌을 면할 수 있는 경우라 하더라도 이 합의로 바로 민사적 책임도 없어지는 것은 아닙니다.

TIP

교통사고 후 합의했는데 뒤늦게 후유증이 생겼다면?

교통사고 피해자가 일정 금액을 받고 합의했으면 원칙적으로는 다시 손해배상을 청구할 수 없다. 그러나 사고 난 지 얼마 지나지 않아서 합의했다면 손해 범위를 정확히 확인하기 어려웠고, 뒤늦게 발견된 손해가 합의 당시 예상이 불가능했던 것이라서 이런 후유증이 있을 줄 알았다면 그 금액으로 합의하지 않았을 정도로 손해가 중대한 경우 그 후유증에 대한 손해배상을 청구할 수 있다.

㉔

교통사고 후 형사합의는
언제까지 해야 하나요?

형사합의는 1심 판결 선고 전까지만 하면 됩니다. 그러나 법원에서 구속 여부가 결정되기 전에 합의한다면 구속을 피하는 데 도움이 될 것입니다.

　교통사고 후 경찰에서 주는 합의 기간이 지나 1심 재판이 진행되더라도 합의를 할 수 있습니다. 다만 판사가 판결문을 쓰는 시간을 고려하여 1심 판결을 선고하기로 정한 날짜가 있다면, 선고일 10일 전까지는 법원에 합의서를 접수하는 것이 안전합니다.

민사소송과 형사소송은 어떻게 다른가

민사소송은 대등한 주체 사이에서 일어난 사적인 영역의 분쟁에 대한 것입니다. 예를 들어 손해배상을 청구하거나 부동산의 인도를 구하는 소송 등이 민사소송에 해당합니다.

형사소송은 국가가 사인에 대해 국가형벌권을 행사하는 것에 관한 것으로 죄를 지은 자에게 벌을 주는 것입니다. 우리가 알고 있는 벌금형, 징역형에 관한 것이 여기에 해당합니다.

고소, 고발은 형사소송의 한 절차이므로 누군가를 고소하여 형사절차가 진행되어 결국 그 사람이 국가에 벌금을 내거나 징역형을 살게 할 수는 있어도, 이걸로 피해자에 대한 금전적 피해보상이 이루어지는 것은 아닙니다. 피해자는 이때 가해자에 대하여 손해배상을 청구하는 별도의 민사소송 절차를 거쳐 손해에 대한 금전적 보상을 받을 수 있습니다.

이렇게 형사소송과 민사소송은 서로 다르지만 형사소송에서 유죄로 인정된 내용은 민사소송에서도 유력한 증거가 될 수 있습니다. 따라서 두 소송이 함께 이루어지면 보통 형사소송을 먼저 진행하며, 형사소송의 수사 과정에서 수집된 증거가 민사소송에서도 증거로 쓰이는 경우가 많습니다.

그러나 형사소송과 민사소송의 결과가 항상 같지는 않으므로 당연히 같다고 생각하면 안 됩니다. 두 소송은 절차도, 재판부도 전혀 달라서 증거로 사용할 수 있는 범위 또한 다르기 때문입니다.

한눈에 보는 민사소송과 형사소송

구분	민사소송	형사소송
당사자	원고 피고	*원고는 검사(피해자는 고소인 혹은 참고인) 피고소인 → 피의자 → 피고인
변호사	소송대리인	(피고인 측) 변호인
예시	손해배상청구, 부동산 인도 청구	절도죄, 횡령죄, 명예훼손죄
결론	피고는 원고에게 10,000,000원과 이에 대한 2018년 1월 1일부터 2020년 7월 1일까지는 연 5%, 그다음 날부터 다 갚는 날까지는 연 12%의 각 비율로 계산한 돈을 지급하라.	피고인을 징역 1년 6개월에 처한다.

전동킥보드로 사람을 치었는데
어떻게 하죠?

전동킥보드를 이용하는 사람이 늘어나면서 해마다 사고 건수
도 증가하고 있습니다. 2018년 225건의 사고, 사망자 4명, 2019
년 447건의 사고, 사망자 8명, 2020년 897건의 사고, 사망자 10
명, 2021년 1,735건의 사고, 사망자 19명, 부상 1,901명으로 날
로 그 수가 증가하고 있고, 20~30대 젊은 층의 사고 비중이 높
습니다.

전동킥보드에 관한 법령은 최근 여러 차례 개정되었기 때문에
잘 몰라서 이를 위반하는 경우가 많습니다. 전동킥보드 등 개인
형 이동장치* 이용자라면 최신 법령에 따른 주의사항을 꼭 알아
둘 필요가 있습니다.

- **개인형 이동장치** PM: Personal Mobility

  전기 등 친환경 연료를 사용하거나 1~2인승 소형 개인 이동수단을 말한다. 전동킥보드, 전동외륜보드, 전동이륜보드, 전동이륜평행차, 전동스케이트보드 등이 있다.

도로교통법에 따른 개인형 이동장치에 해당하는 경우

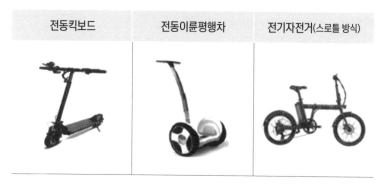

| 전동킥보드 | 전동이륜평행차 | 전기자전거(스로틀 방식) |

도로교통법에 따른 개인형 이동장치에 해당하지 않는 경우
(※ 원동기장치자전거로 분류)

| 전동외륜보드(원휠) | 전동이륜보드(투휠) | 전동스케이트보드 |

출처: 찾기 쉬운 생활법령정보

보도 위를 주행하면 불법

전동킥보드는 자전거도로로 운행하는 것이 원칙입니다. 자전거 도로가 없다면 도로 우측 가장자리로 통행해야 하고 인도로 다녀서는 안 됩니다.

전동킥보드로 보도를 주행하는 것은 도로교통법 위반이며, 만일 전동킥보드로 보도를 주행하다가 사람과 사고가 나면 과태료와 범칙금으로 그치지 않기 때문에 큰 문제가 됩니다. 최대 5년 이하의 금고 또는 2천만 원 이하의 벌금에 처해질 수 있고, 인명사고는 12대 중과실에 해당해 보험이나 피해자와 합의 여부와 관계없이 형사처벌 대상이 됩니다. 전동킥보드 사고라 하더라도 뺑소니 사고나 스쿨존 내 어린이 사고 시에는 특정범죄 가중처벌 등에 관한 법률이 적용되어 더욱 중한 처벌을 받게 됩니다.

또한 보도는 어린이, 장애인 등 교통약자들이 통행하는 곳이므로 전동킥보드를 주차 또는 정차할 수 없습니다. 이를 위반한 경우에는 2만 원의 범칙금이 부과되며 추가로 자치단체에서 견인조치도 가능합니다.

전동킥보드 등을 운전하려면 원동기장치 자전거 면허 필요

도로교통법상 전동킥보드 등 개인형 이동장치를 운전하려면 원동기장치 자전거 면허(또는 그 이상의 자동차 면허)가 있어야 하는데, 우리나라는 16세 이상부터 원동기장치 자전거 운전면허를

12대 중과실이란

교통사고처리 특례법상 사망사고를 제외한 일반교통사고는 피해자와 합의하면 가해자는 처벌을 받지 않을 수 있습니다. 그러나 12대 중과실에 해당하면 피해자와 합의해도 형사처벌을 피할 수 없고 다만 양형 사유로 참작됩니다.

신호위반
신호등, 일시정지 표시,
경찰관의 수신호를 어긴 경우

속도위반
제한속도 초과

중앙선 침범
중앙선을 넘어가거나, 고속도로에서
횡단, 회전, 후진 중에 사고를 낸 경우

앞지르기/끼어들기 위반
앞지르기 방법, 금지 시기,
금지 장소, 끼어들기 금지 사항을
어긴 경우

무면허 사고
운전면허, 건설기계
조종사면허를 받지 않고
운전 중에 사고를 낸 경우

승객 추락방지
자동차에 탄 사람 또는 타고 내리는
사람이 떨어지지 않게 문을 정확히
닫아야 하는데, 이를 위반하여
교통사고를 낸 경우

철도건널목 통과방법 위반
철도건널목 통과 시, 정지해서
안전을 살피지 않은 경우

횡단보도 사고
횡단보도에서
사고를 낸 경우

어린이 보호구역
어린이 보호구역에서 운전 중에
어린이의 신체에 상해를 입힌 경우

음주사고
술에 취한 상태로 운전하거나,
마약, 대마, 향정신성의약품 등
약물을 복용하고 운전하던 중
교통사고를 낸 경우

보도 침범
보행자가 걷는 보도를
침범하거나 횡단 중에
사고를 낸 경우

화물고정조치 위반
화물이 떨어지지 않도록 필요한
조치를 하지 않고 운전한 경우

받을 수 있으므로 14세 중학생은 도로에서 전동킥보드를 이용할 수 없습니다.

만약 운전면허 없이 전동킥보드 등을 운전하면 처벌받습니다. 시 · 도경찰청장으로부터 원동기장치 자전거(또는 그 이상의 자동차 면허) 면허를 받지 않았거나, 운전면허가 있더라도 그 효력이 정지된 기간에 도로에서 전동킥보드 등 개인형 이동장치를 운전하면 형사처벌(범칙금 10만 원)을 받습니다.

또한, 14세 미만인 형사미성년자라고 하더라도 교통사고가 나면 소년보호사건으로 재판받게 될 수 있습니다.

청소년이 전동킥보드 타며 법을 위반하면 벌금은 보호자에게 부과

13세 미만인 어린이의 보호자는 도로에서 어린이가 전동킥보드 등을 운전하게 해서는 안 됩니다. 이를 어기면 보호자에게 과태료가 10만 원 부과됩니다.

술을 마시고 전동킥보드를 타면 음주운전

전동킥보드, 자전거, 오토바이, 자동차 모두 술을 마시고 운전하면 음주운전이 됩니다. 특히 도로 위에서 전동킥보드로 운전하다가 사고가 나면 전동킥보드가 자동차로 간주되어 도로교통법의 적용을 받으므로 주의하여야 합니다.

전동킥보드 등 개인형 이동장치를 음주운전한 경우에는 자동차 음주운전과 같이 운전자가 가진 모든 운전면허가 취소 또는 정지된다는 점도 전동킥보드 음주운전을 절대로 해서는 안 되는 이유입니다.

전동킥보드로 운전하다 사고가 났을 때 대응 방법

전동킥보드 등을 운전하다 사람을 사상하거나 물건을 손괴(망가뜨림)한 경우에는 전동킥보드 등의 운전자는 즉시 정차하여 다음의 조치를 해야 합니다.

전동킥보드 등 개인형 이동장치 처벌 규정안

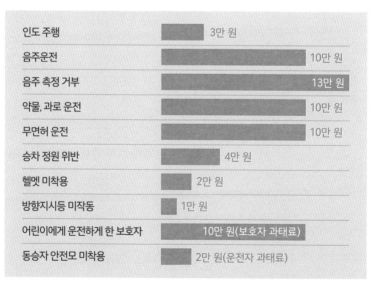

항목	금액
인도 주행	3만 원
음주운전	10만 원
음주 측정 거부	13만 원
약물, 과로 운전	10만 원
무면허 운전	10만 원
승차 정원 위반	4만 원
헬멧 미착용	2만 원
방향지시등 미작동	1만 원
어린이에게 운전하게 한 보호자	10만 원(보호자 과태료)
동승자 안전모 미착용	2만 원(운전자 과태료)

* 승차 정원은 전기자전거만 2명이고 전동킥보드, 전동이륜평행차는 1명   출처: 경찰청 자료 참조

개정 도로교통법상 개인형 이동장치 적용 법규

구분		도로교통법(2021. 5. 13. 시행)
통행 방법		'자전거도로' 통행 원칙(보도 통행 불가)
운전면허		원동기면허 이상(무면허 운전 범칙금 10만 원)
어린이 운전금지 (어린이 운전 시 보호자 처벌)		과태료 10만 원
운전자 주의 의무	동승자 탑승금지	범칙금 4만 원
	안전모 착용 (자전거용 안전모)	운전자 범칙금 2만 원, 동승자 과태료 2만 원
	등화장치 작동	범칙금 1만 원
	과로 · 약물 등 운전	범칙금 10만 원
주요 처벌 조항 주요	음주운전	단순음주: 범칙금 10만 원 측정불응: 범칙금 13만 원
	신호 위반/중앙선 침범/ 보도 주행/보행자 보호 위반	범칙금 3만 원
	지정차로 위반(상위차로 통행)	범칙금 1만 원

출처: 국토교통부 교통물류실 종합교통정책관 모빌리티정책과 보도자료

▧ 사상자를 구호하는 등 필요한 조치 하기

피해자에게 운전자 자신의 인적 사항인 성명 · 전화번호 · 주소
등을 제공해야 합니다.

이 조치를 하지 않은 사람은 5년 이하의 징역이나 1,500만 원 이하의 벌금에 처해집니다. 다만, 주·정차된 차만 손괴한 것이 분명한 경우 피해자에게 인적 사항을 제공하지 않은 사람은 20만 원 이하의 벌금이나 구류* 또는 과료*에 처해집니다.

용어 설명

- **구류**
  1일 이상 30일 미만 유치장에 가두는 것. 주로 경미한 범죄에 과해지며 형벌 중에서는 가장 가볍다.

- **과료**科料
  일정한 금액의 지급을 강제로 부담시키는 형벌. 비교적 경미한 범죄에 부과하며 벌금보다는 금액이 적다.

▧ 경찰에 신고하기

전동킥보드 운전자는 경찰공무원이 현장에 있을 때는 그 경찰공무원에게, 경찰공무원이 현장에 없을 때는 가장 가까운 국가경찰관서(지구대, 파출소, 출장소를 포함함)에 사고가 일어난 곳, 사상자 수와 부상 정도, 손괴한 물건과 손괴 정도, 그 밖의 조치사항 등을 지체 없이 신고해야 합니다.

만일 전동킥보드 등만 손괴된 것이 분명하고 도로에서의 위험 방지와 원활한 소통을 위하여 필요한 조치를 한 경우에는 신고

하지 않아도 됩니다.

　이때 사고 발생 시 조치상황 등의 신고를 하지 않은 사람은 30만 원 이하의 벌금이나 구류에 처해집니다.

▨ 도주 시 가중처벌

전동킥보드 등의 교통으로 인해 업무상과실·중과실 치사상의 죄(형법 제268조)를 범한 전동킥보드 등의 운전자(이하 '사고운전자'라 함)가 피해자를 구호救護하는 등 위의 사상자 구호 등 조치를 하지 않고 도주한 경우에는 가중처벌되기 때문에 절대 도주해서는 안 됩니다. '도주'는 사고운전자가 사고로 피해자가 사상을 당한 사실을 인식하였음에도 피해자를 구호하는 등 도로교통법 제50조 제1항에 규정된 의무를 이행하기 이전에 사고현장에서 벗어나 사고를 낸 자가 누구인지 확정할 수 없는 상태를 초래하는 경우입니다.

26

블랙박스만 있으면
무적인가요?

블랙박스는 교통사고에서 아주 중요한 증거자료입니다. 실무에서도 블랙박스를 기초로 과실비율을 산정하는 것이 일반적입니다.

그러나 블랙박스에 찍힌 사고 영상이 불리하거나 유리하거나 관계없이 판결에서는 다른 결과가 나올 수도 있습니다. 형사재판에서는 증거 수집 절차가 아주 중요한데, 이 절차가 위법하다면 증거 자체가 유효하지 않게 되어 증거로 쓸 수 없습니다.

경찰이 블랙박스 메모리칩을 수집하는 과정에서 압수조서·목록을 작성하지 않고, 압수목록을 교부하지 않은 경우에 형사소송법을 위반한 것이 되어 유효한 증거가 아니라는 법원의 판결이 있었습니다.

또한 최근 법원 판결 중 블랙박스와 운전자의 시야가 다를 수 있다는 점이 인정되어 운전자에게 블랙박스 영상이 불리했는데도 오히려 유리한 판결이 내려진 적이 있습니다. 이처럼 소송에서 정해진 결과는 없으므로 하나의 증거만 믿기보다 관련된 모든 증거를 수집하려는 노력을 해야 합니다.

내 책임이 없는 교통사고가 났는데도
내게 어떤 의무가 있나요?

그렇습니다. 운전자는 자기에게 책임이 있느냐와 상관없이 교통사고로 사람을 사상하거나 물건을 손괴한 경우에 그 즉시 차를 세우고 필요한 조치를 해야 합니다. 자신에게 책임이 없는 교통사고라고 해서 사람이 다치거나 물건이 손괴되었는데 그 자리를 떠나면 5년 이하의 징역이나 1,500만 원 이하의 벌금에 처해질 수 있습니다. 이러한 조치의무는 귀책 여부와 관계없이 운전자에게 생기는 의무입니다. 또한 운전자에게는 과실 여부와 관계없이 신고의무가 있습니다.

교통사고가 나서 사람이 다치고 도로에 파편이 튀는 등 교통질서를 회복하는 조치가 필요한 상황을 가정해봅시다. 운전자에게 교통사고에 대한 귀책사유가 없는 것으로 판명되었다 하더라도 사고 당시 구호조치와 신고의무를 이행하지 않은 운전자는 도로교통법상 사고 후 미조치로 인한 처벌은 피할 수 없습니다.

사고가 나면 사람을 구호하는 것은 도덕적으로 당연한 일일 뿐만 아니라 법적으로도 자칫 형사 처벌을 받을 우려가 있으므로 알아두어야 하는 법률 상식입니다.

만일 뺑소니로 사람이 다치고 재물도 손괴되었다면 이 규정이 당연히 함께 적용되어 더욱 무거운 처벌을 받을 수 있습니다.

사고가 났을 때 뺑소니가 되지 않는
방법이 있나요?

운전하는데 차에 무엇인가 부딪치는 느낌이 들었을 때 속도를 늦춘 뒤 백미러로 확인하고 떠났다 해도 뺑소니가 될 수 있습니다. 우리가 뺑소니라고 하는 것은 도로교통법상 용어로 '도주운전죄'입니다.

법원에서는 ① 운전 중 사고가 발생하였으며 ② 피해자를 상해에 이르게 하고 ③ 운전자가 사고로 인하여 피해자가 사상을 당한 사실을 인식하였음에도 ④ 구호조치를 하지 않은 채 도주할 경우 도주운전죄가 성립한다고 봅니다.

이때 ③ 운전자가 사고로 인하여 피해자가 사상을 당한 사실을 인식하였는지와 관련하여 법원은 비록 운전자가 피해자의 사상을 확정적으로 인식하지 않았다고 하더라도 사고 직후 차에서 내려 직접 확인하였더라면 쉽게 사고 사실을 확인할 수 있었는데도 그러한 조치를 하지 않은 채 그대로 사고현장을 이탈하면, 사고 발생 사실을 알고 도주할 의사가 있었다고 봅니다(이를 법률 용어로 '미필적 고의'*가 있었다고 합니다).

용어 설명

- **미필적 고의**
어떤 행위로 범죄 결과가 발생할 가능성이 있음을 알면서도 그 행위를 행하는 심리 상태. 통행인을 칠 수 있다는 것을 알면서도 골목길을 차로 달리는 경우, 상대편이 죽을 수도 있음을 알면서도 그를 심하게 때리는 경우 따위

따라서 운전 중 무엇인가 차에 충돌하는 느낌을 받았다면, 차를 세우고 차에서 내려 사고 피해자가 있는지 확인해야 합니다. 반면 사고가 발생해 피해자가 다쳤다 하더라도 운전자가 피해자에 대한 구호조치를 하였다면 뺑소니가 아니라고 봅니다.

교통사고를 낸 경우 피해자와의 합의만으로 사건이 종결될 수 있습니다. 그러나 뺑소니가 되면 합의만으로 끝나지 않고 형사 절차가 진행됩니다. 민사적으로 손해배상을 해야 하는 것은 물론입니다. 또한 운전면허 취득이 뺑소니이면 4년간 금지되고,

음주 뺑소니이면 5년간 금지됩니다.

　형량도 높아져서 피해자가 사망하면 무기징역 또는 5년 '이상'의 징역형, 피해자가 상해를 입었으면 징역형은 1년 '이상' 30년 이하, 벌금은 500만 원 이상 3천만 원 이하에 처해집니다. 이렇게 무거운 범죄인 뺑소니가 되지 않으려면 반드시 피해자를 구호하여야 합니다.

　뺑소니는 보통 음주운전 또는 무면허운전과 함께 발생합니다. 음주 또는 무면허 상태로 운전한 것을 들키고 싶지 않아 순간적으로 도망가는 것인데, 피해자 구호조치를 해야 피해자의 생명을 구하고 본인이 받게 될 죄의 무게도 덜 수 있다는 점을 명심해야 합니다.

어린이 보호구역에서 난 사고도
합의로 해결될까요?

교통사고가 났을 때 만 19세 미만의 미성년자와는 합의해도 합의 자체가 무효입니다. 만약 교통사고 피해자가 미성년자라면 그 친권자인 부모와 합의해야 합니다.

최근에는 어린이 보호구역이 확대되고 있는데, 이런 어린이 보호구역에서 어린이와 사고가 난 경우 피해자인 어린이의 부모와 합의하더라도 형사처벌될 수 있습니다.

어린이 보호구역은 교통사고의 위험으로부터 어린이를 보호하기 위해 필요하다고 인정되는 경우에 유치원, 초등학교 또는 특수학교, 어린이집 가운데 정원 100명 이상인 보육시설, 학원 가운데 수강생이 100명 이상인 곳, 외국인학교 또는 대안학교,

국제학교 및 외국교육기관 중 유치원·초등학교 교과과정이 있는 학교의 주변 도로 가운데 지정된 일정 구간을 말합니다.

어린이 보호구역의 도로표지는 어린이 보호구역이 시작되는 구간의 오른쪽 보도 또는 길 가장자리에 설치합니다. 이곳에서는 자동차 등과 노면전차의 통행속도를 시속 30킬로미터 이내로 제한할 수 있습니다.

어린이 보호구역에서 제한속도를 넘겨 운행하다가 교통사고를 내서 어린이에게 상해를 입히면 가중처벌됩니다. 또 이는 12대 중과실 중 하나이므로 운전자가 어린이의 부모와 합의하거나 종합보험에 가입했다 하더라도 형사처벌을 받을 수 있습니다.

TIP
어린이 보호구역 교통법규 위반, 횡단보도 보행자 미보호 시 보험료 할증

2021년 9월 개시되는 자동차보험부터 어린이 보호구역에서 시속 20km를 초과하는 과속에 대해 '1회 위반 시 보험료 5%', '2회 이상 위반 시 보험료 10%'가 할증되고, 노인 보호구역 및 장애인 보호구역에서의 속도 위반에 대해서도 동일하다(2021년 7월 28일 국토교통부 배포자료). 또한 횡단보도 보행자 보호 2~3회 위반 시 보험료 5%, 4회 이상 위반 시 보험료 10%가 할증된다.

대리운전 기사가 사고를 냈는데
어떻게 처리해야 하나요?

대리운전을 이용하다가 대리운전 기사의 실수로 사고가 났을 때 우선 대리운전업자에게 보험이 있다면 그 보험으로 보상하면 됩니다. 이때 대리운전보험에서는 순수하게 차량수리비만 보상됩니다. 개인이 가입하는 자동차보험이 차량의 수리 기간에 발생하는 렌터카 이용료와 영업손해, 차량 가치 하락 손해까지 보장하는 것과 비교하면 보상 범위가 더 좁은 것입니다.

　대리운전 도중 교통사고가 나서 다른 사람이 죽거나 다치면 그 사람에 대해서는 차량 주인이 1차 책임을 지게 되어 차량 주인이 가입한 자동차 종합보험에서 보험금이 지급됩니다. 우리 법원은 대리운전자가 낸 사고의 경우 차량 주인을 자동차 운행

> **자동차보험 보장 범위 비교**
>
> - 개인 자동차보험 보장 범위: 차량수리비+렌터카 이용료+영업손해+차량 가치 하락 손해
> - 대리운전보험 보장 범위: 차량수리비

자로 보기 때문입니다.

하지만 차량 주인이 가입한 보험에서 운전자 범위를 한정하는 특약이 있었다면 차량 주인의 보험으로 피해자 보상이 안 될 수 있습니다. 이 경우에는 차주가 자신의 비용으로 사고피해자에게 손해배상을 해야 하는 상황이 생길 수 있습니다.

그렇기 때문에 대리운전을 자주 이용하는 운전자의 경우 자동차 종합보험 가입 시에 대리운전 특약도 함께 들어두는 것이 리스크를 줄일 수 있습니다.

대리운전보험에서 보상되지 않는 피해에 대해 보상을 청구하는 방법도 있습니다. 바로 차량 주인이 그 대리운전회사에 따로 청구하는 것입니다.

만약 대리운전 기사가 대리운전보험에 가입하지 않은 상태에서 사고를 낸다면 그 교통사고의 피해자는 대리운전 기사와 차량 주인 중 어느 쪽에든 손해배상을 청구할 수 있습니다. 차량 주인이 피해자에게 우선 보상한 후 대리운전자에게 구상권을 행사하여 돈을 받을 수도 있지만, 만일 대리운전 기사에게 손해배

대리운전 교통사고 발생 현황 (단위: 건, 명)

구분	2017	2018	합계
사고건수	158	157	315
사망	2	3	5
부상	288	314	602

출처: 대리운전 안전실태조사 한국소비자원 안전감시국 생활안전팀

상을 할 능력이 없으면 결국 차량 주인이 모든 책임을 지게 됩니다. 그렇기 때문에 대리운전보험에 가입된 업체의 대리운전 서비스를 이용하는 것이 차량 주인에게는 훨씬 유리합니다.

차량 주인의 가족이나 친구가 차를 빌려 운전하다가 사고가 나서 사람이 다치거나 죽어도 차량 주인이 함께 책임을 집니다. 차량 주인이 사고를 낸 사람에게 책임을 물을 수는 있지만, 피해자가 보상을 원하면 차량의 주인으로서 책임을 져야 합니다.

무면허운전과 음주운전, 아파트 주차장에서는
결론이 다르다고요?

면허가 없는 사람이 술까지 마시고 운전하면 무면허운전과 음주운전에 동시에 걸리지만 언제나 그런 것은 아닙니다. 무면허운전은 도로교통법상 '도로'에서 운전한 경우에만 성립하기 때문입니다.

아파트 주차장에서 운전한 것은(모든 아파트의 주차장이 그런 것은 아니어서 아파트 단지 주차장에 차단 시설이 있거나 경비원이 출입을 통제하고, 아파트 단지 주민이 아닌 외부인은 주차장을 이용할 수 없는 등 특정한 사람이나 그와 관련된 용건이 있는 사람만 사용할 수 있고 자체적으로 관리되는 곳) 도로교통법상 '도로'에서 운전한 것이 아닙니다. 따라서 면허가 없는 사람이 관리되는 아파트 지하

주차장에서 운전하더라도 그것은 무면허운전이 아닙니다.

반대로 도로교통법상 도로가 아니라도 음주운전은 성립하므로 술을 마시고 아파트 단지 내 주차장에서 운전하면 음주운전이 됩니다.

그럼 술을 마시고 차를 운전하면 언제나 음주운전죄가 될까요? 그것은 아닙니다. 급박한 상황이라면 음주운전을 해도 무죄가 될 수 있습니다.

구체적으로 살펴보면, 대리기사가 차 주인 A씨와 갈등한 끝에 운행 중 도로에 차를 세우고 그냥 가버리자 술에 취한 A씨가 사고를 방지하기 위해 3m를 음주운전한 경우 A씨에게 급박한 상황이었다는 점이 인정된 적이 있습니다.

당시 차를 세운 위치는 양방향 교차 통행을 할 수 없는 폭이 좁은 편도 1차로에다 동작대로로 이어지는 길목이었습니다. 그래서 계속 정차할 경우 A씨 차량 뒤쪽에서 동작대로로 나가려는 차량과 A씨 차량 앞쪽으로 동작대로에서 들어오려는 차량 모두 진로가 막혀 결국 A씨 차량이 앞뒤 양쪽에서 교통을 방해하는 상황에 놓였습니다. 실제로 대리운전 기사가 내리고 A씨 차량 뒤쪽에서 동작대로로 나가려는 승용차의 진로가 막히자 A씨는 조수석에서 내려 양해를 구하면서 다른 대리운전 기사를 불렀습니다.

하지만 얼마 후 A씨 차량 앞쪽으로 동작대로에서 들어오려는 택

시까지 나타나자 A씨는 진로 공간을 확보하려고 대리운전 기사가 정차시킨 지점에서 우측 앞으로 약 3m를 운전하여 도로 가장자리 끝 지점에 차를 세워 차량 1대가 통행할 공간을 만들었습니다. 이에 따라 택시가 먼저 도로로 들어갔고 이어서 A씨 차량 뒤쪽에 있던 승용차가 동작대로로 나갈 수 있었습니다. A씨는 차를 세운 뒤 곧바로 하차하여 택시와 이 승용차의 통행을 돕다가 인근에서 몰래 A씨를 관찰하던 대리운전 기사의 신고를 받고 출동한 경찰에 단속되었습니다. 경찰이 적발한 김씨의 혈중알코올농도는 0.097%였으나 '급박한 상황'이 인정되었습니다(출처: 리걸타임).

이처럼 '급박한 상황'은 아주 엄격하게 인정되고 있습니다.

직접 몸이 닿지 않았는데도
폭행이 되나요?

그렇습니다. 신체적 접촉이 없어도 폭행죄가 될 수 있습니다. 판례는 물을 뿌리거나 화분을 들어 휘두르다가 다른 사람에게 흙을 튀긴 것도 폭행으로 본 사례가 있고, 최근에는 다른 사람의 차 안에 침을 뱉은 경우에도 침 일부가 피해자의 차 안으로 들어왔다고 보아 폭행으로 벌금형을 선고한 판결이 있습니다.

폭행은 신체에 대한 일체의 불법적인 유형력을 행사하는 것을 말합니다. 불법하게 다른 사람의 머리카락이나 수염을 잘라버리는 것, 손으로 사람을 밀어서 높지 않은 곳이지만 떨어지게 하는 것뿐만 아니라, 다른 사람 손을 세차게 잡아당기는 것도 폭행이 될 수 있습니다. 또한 담배연기를 상대방에게 뿜는 것도 폭행에 해당합니다.

이렇게 사람의 신체에 폭행을 가하면 2년 이하의 징역, 500만 원 이하의 벌금, 구류 또는 과료에 처해집니다(형법 제260조 제1항).

다만, 폭행죄는 피해자가 처벌을 원하지 않는다면 처벌할 수 없는 죄입니다(형법 제260조 제3항). 법률에서는 이러한 범죄를 반의사불벌죄反意思不罰罪라고 합니다. 폭행죄는 반의사불벌죄라서 만일 폭행한 사실이 인정된다고 해도 피해자와 합의하면 형사처벌을 받지 않을 수 있습니다.

그러나 폭행 결과 피해자가 크게 다쳐 상해를 입으면 그때부터는 폭행치상이라는 더 무거운 범죄가 되어 형량이 높아지고, 피해자가 합의해주어도 여전히 형사처벌을 받을 수 있습니다.

33

여자친구가 욕을 들었는데
제가 그 사람을 모욕죄로 고소할 수 있나요?

다른 사람에게 욕을 한다면 모욕죄가 될 수 있습니다. 이때 단순히 욕하는 걸 넘어 같이 있는 사람들한테 구체적 사실 또는 허위의 사실을 얘기한다면 단순한 모욕을 넘어 명예훼손도 될 수 있습니다. 예를 들어 누군가 전과자라고 말하고 다닌다면 그것이 진실이든 아니든 명예훼손이 될 수 있습니다.

'모욕'은 사실을 적시하지 아니하고 사람의 사회적 평가를 떨어뜨릴 만한 추상적 판단이나 경멸적 감정을 표현하는 것을 의미한다(대법원 2008. 7. 10. 선고 2008도1433 판결 등 참조)고 봅니다. 이때 언어와 거동 등이 사람의 사회적 평가를 떨어뜨릴 만한 경멸적 감정을 표현하는 것에 해당하는지는 행위자나 피해자의 주관을 기준으로 하는 게 아니라 그 객관적 의미에 따라 판단하는데, 객관적 의미는 행위자와 피해자의 관계, 행위자가 발언하게 된 경위와 발언 횟수, 발언의 의미와 전체 맥락, 발언한 장소와 발언 전후의 정황 등을 종합하여 판단합니다(대법원 2015. 9. 10. 선고 2015도 2229 판결 등 참조).

따라서 단순히 무례한 표현이나 저속한 표현은 모욕이 되지 않지만 모욕에 해당하는 경멸적인 감정 표현인지 무례하거나 저속한 표현인지는 사회통념에 따라 객관적으로 판단합니다.

일반적인 욕설은 모욕죄가 될 수 있으며, 법원은 개인이 아니라 단체에 대해서도 '시위와 싸움을 훈장으로 여기는 전문 시위꾼들' '시위가 막장 집회로 변질되고 있다'는 표현을 한 경우 언론의 자유에서 벗어나는 모멸적 표현이라고 보아 단체의 인격권을 침해했다고 했습니다.

형법상 모욕죄를 저지른 사람은 1년 이하의 징역이나 금고 또는 200만 원 이하의 벌금에 처해질 수 있습니다.

이때 주의해야 할 사항이 있습니다. 모욕죄는 아무나 고소할 수 없다는 것입니다. 모욕죄는 피해를 본 사람이 직접 고소해야만 형사처벌이 되는 죄이고, 고소할 수 있는 기간도 6개월로 제한되어 있습니다. 이러한 범죄들을 법률에서는 '친고죄'라고 합니다.

- 고소권자: 피해자 또는 피해자의 법정대리인(누구나 X)
- 고소기간: 범인을 알게 된 날로부터 6개월까지 가능

모욕죄는 피해자나 피해자의 법정대리인 등 고소할 권리가 있는 사람의 고소가 있어야만 검사가 공소를 제기할 수 있습니다. 이때 범인을 알게 된 날부터 6개월까지가 고소할 수 있는 기간이고, 그 기간 안에 피해자 또는 피해자의 법정대리인이 고소해야 가해자를 처벌할 수 있습니다. 따라서 피해자의 남자친구나 배우자는 법정대리인이 아니므로 아무리 화가 나도 모욕으로 대신 고소를 할 수 없습니다.

피해자가 고소한다고 해도 고소기간인 6개월이 지나면 가해자가 처벌받지 않게 되고, 1심 판결 선고 전이라면 고소했어도 피해자와 가해자가 합의하면 고소 취하가 되어 가해자가 처벌받지 않게 됩니다.

그렇지만 이렇게 형사소송에서 고소기간을 넘겼다고 해도 모욕을 당한 피해자가 겪은 고통에 대해 가해자에게 민사상 손해배상 소송을 할 수 있습니다.

술을 마셨다고 하면 심신미약이 되어
처벌이 가벼워지나요?

술에 취했다는 이유로 형량이 줄어드는 사례가 있기도 했지만 점점 그 가능성은 줄어드는 추세입니다. 특히 아동, 청소년 대상 성범죄에서는 심신미약이 인정되지 않습니다.

심신미약은 사리분별을 할 수 있는 능력이 상당히 떨어진 상태를 말합니다. 보통 정신질환, 약물 복용, 음주 상태일 때 심신미약을 주장하곤 합니다. 자신이 하는 행동이 무슨 의미인지 모르는 상태라면 책임을 전부 물을 수 없기에 심신미약이 인정되면 형량이 줄어들 수 있는 것입니다. 정신질환을 앓고 있거나 약물에 취했거나 술을 너무 많이 마셔서 의사판단을 제대로 할 능력이 부족한 사람에게는 책임도 그만큼 덜 묻는 겁니다.

그러나 정신질환이 있거나 술에 취했다고 해서 무조건 심신미약이 되는 건 아닙니다. 심신미약인지와 관련해서는 생물학적 방법과 심리적 방법을 사용하고 있고, 의사와 같은 전문가의 감정이 중요한 역할을 합니다. 그렇지만 판사는 전문가가 말한 감정 결과에 꼭 따라야 하는 것은 아니며 다만 이를 중요한 참고자료로 삼아 종합적으로 판단할 수 있습니다(대법원 1998. 4. 10. 선고 98도549 참조).

판사는 범행 동기와 원인, 범행 경위·수단과 태양(형태), 범행 전후 피고인의 행동, 범행과 그 전후 상황에 관한 기억 유무와 정도, 수사와 공판절차에서 보인 태도 등을 종합하여 독자적으로 판단할 수 있습니다(대법원 1994. 5. 13. 선고 94도581 판결 등 참조).

그래서 정신적 장애가 있다고 해도 범행 당시 정상적인 사물변별능력과 행위통제능력이 있었다면 심신장애로 보지 않으며(대법원 1992. 8. 18. 선고 92도1425 판결 등 참조), 술에 취했다고 해서 심신미약이 되는 것이 아닙니다.

판단 결과 술에 취해 판단능력이 떨어지는 심신미약 상태가 인정된다고 하더라도 판사는 형을 줄일지 말지를 선택할 수 있습니다. 심신미약은 인정되기도 어렵지만 인정된다고 해도 무조건 형이 줄어드는 것이 아니라는 말입니다.

전 국민이 함께 분노했던 조두순 사건 이후 특별법이 제정되었습니다. 그래서 아동이나 청소년에 대한 성폭력범죄는 음주 또는 약물로 판단능력이 떨어졌다고 해도 형량을 줄일 수 없게 되었습니다.

더 알아보기

조두순 사건

2008년 12월 경기도 안산시에서 조두순이 8세 여아를 성폭행해 상해를 입힌 사건입니다. 이 사건은 각종 언론매체에서 보도하면서 엄청난 반향을 일으켰지만 1심에서 조씨 나이가 많고 술에 취해 심신미약이었다는 이유로 징역 12년형을 선고했습니다. 검찰은 이 판결에 항소하지 않았고 오히려 조씨가 형량이 무겁다며 항소와 상고를 하였으나 모두 받아들여지지 않으면서 징역 12년형이 확정되었습니다. 이에 범죄의 잔혹성에 비해 형량이 약하다며 국민들이 거세게 반발했습니다.

35

성적인 목적이 없어도
성추행이 될 수 있나요?

될 수 있습니다. 성적 만족을 위한 목적이 없었다 하더라도 상대방 의사에 반하여 성적으로 민감한 부위를 접촉하면 강제추행이됩니다. 그래서 회사 대표가 회식할 때 사람들 앞에서 여성 직원에게 헤드록을 한 것도 강제추행이 될 수 있고, 아이가 귀엽다고 몸을 쓰다듬거나 볼을 만지는 것도 추행*이 될 수 있습니다.

대법원에서는 '추행'을 객관적으로 일반인에게 성적 수치심이나 혐오감을 일으키게 하고 선량한 성적 도덕관념에 반하는 행위로 피해자의 성적 자유를 침해하는 것이라고 합니다. 무엇이 추행인지에 대해서는 피해자의 의사, 성별, 연령, 행위자와 피해자의 이전부터의 관계, 그 행위에 이르게 된 경위, 구체적 행위

태양, 주위의 객관적 상황과 그 시대의 성적 도덕관념 등을 종합적으로 고려하여 신중히 결정하지만, 그 행위를 한 사람에게 꼭 성욕을 자극·흥분·만족시키려는 주관적 동기나 목적까지 있어야 하는 것은 아니라고 합니다. 그렇기에 성적 목적이 없어도 강제추행이 될 수 있습니다.

🗨 용어 설명

- **강간**强姦
  폭행 또는 협박으로 사람을 강제로 간음하는 행위

- **추행**醜行
  성욕의 흥분 또는 만족을 얻을 동기로 한 정상의 성적인 수치 감정을 심히 해치는 행위. 남녀·연령 여하를 불문하고 그 행위가 범인의 성욕을 자극·흥분시키거나 만족시킨다는 성적 의도하에 행해짐을 필요로 함

- **성희롱**
  업무, 고용 그 밖의 관계에서 공공기관의 종사자, 사용자 또는 근로자가 그 직위를 이용하여 또는 업무 등과 관련해 성적 언동 등으로 성적 굴욕감 또는 혐오감을 느끼게 하거나 성적 언동 또는 그 밖의 요구 등에 불응했다는 이유로 고용상 불이익을 주는 행위

합의하고 성관계를 했는데도
강간이 되나요?

모텔에 가는 것에 합의했다고 해서 바로 성관계에 동의한 것이라고 볼 수는 없습니다. 동의의사를 밝히지 않았거나 침묵한 것을 바로 동의라고 볼 수는 없기 때문입니다. 또한 비록 합의한 성관계라 하더라도 중간에 상대가 거부 의사를 표시했는데 그것을 무시한 채 강제로 성관계를 계속했다면 강간으로 인정될 수 있습니다.

깊은 잠에 빠져 있거나 술·약물 등으로 정상적 판단이 어려운 상황에서 하는 성적 접촉도 범죄가 될 수 있습니다. 판단능력에 심각한 문제가 발생한 상태였다면, 피해자가 비록 의식을 상실하지는 않았더라도 술의 영향으로 추행에 저항할 능력이 떨어진 상태였다면 준강간죄나 준강제추행죄가 적용될 수 있습니다.

또한 법원에서는 단지 '필름이 끊겼다'는 진술만으로 알코올 블랙아웃(단기 기억상실) 가능성을 쉽게 인정하지 않습니다. 따라서 상대방이 정상적 판단이 가능한 상황에서 상호 합의한 성관계가 아닌 경우에는 범죄가 될 수 있습니다.

그러나 상호 합의하고 성관계를 해도 범죄가 되는 경우가 있습니다. 16세 미만 청소년과의 성관계는 합의 여부와 관계없이 처벌 대상입니다. 16~19세 청소년과의 성적 접촉은 동의가 있다면 원칙적으로 처벌할 수 없지만 폭력이나 속임수를 쓰거나 겁을 주었다면 처벌 대상이 됩니다.

동성 군인끼리 성관계를 하면
처벌받나요?

기존에는 동성 군인 간 성관계는 부대 밖의 사적 공간에서 당사자 간 합의에 따른 것이라도 군형법상 추행죄로 처벌받았습니다. 그러나 2022년 4월 대법원은 일방의 의사에 반해 성적 자기 결정권을 침해하거나, 군기를 직접적·구체적으로 침해하는 다른 사정이 있어 실질적인 법익 침해가 있는 경우에만 동성 군인 간 성관계를 처벌할 수 있다고 하여 사적인 공간에서 자발적으로 이루어진 경우에는 더 이상 처벌할 수 없다고 기존의 태도를 바꾸었습니다.

중위 A가 같은 부대 소속이 아니라 개인적으로 알게 된 사이인 다른 군인인 상사 B와 부대 밖의 독신자 숙소에서 근무시간

이후 합의에 따라 성행위를 한 것에 대해 징역형이 선고되었던 사건이 대법원에서 결론이 바뀐 것입니다.

대법원은 동성 간 성행위가 일반인에게 성적 수치심이나 혐오감을 일으키게 하고 선량한 성적 도덕관념에 반하는 행위라는 평가가 이 시대 보편타당한 규범으로 받아들이기 어려워졌다고 보았습니다.

스토킹처벌법,
어떻게 달라지나요?

2021년 10월 21일 스토킹처벌법이 시행되었지만 스토킹범죄 적발 건수는 지속적으로 늘고 있습니다. 스토킹범죄란 지속적으로 또는 반복적으로 스토킹행위를 하는 것을 말하고, 피해자란 스토킹범죄로 직접적인 피해를 본 사람을 말합니다(스토킹범죄의 처벌 등에 관한 법률 제2조 제2호·제3호).

> **스토킹범죄의 처벌 등에 관한 법률**(약칭 '스토킹처벌법')
>
> 제2조 제1항: 스토킹행위란 상대방의 의사에 반(反)하여 정당한 이유 없이 상대방 또는 그의 동거인, 가족에 대하여 다음 각 목의 어느 하나에 해당하는 행위를 하여 상대방에게 불안감 또는 공포심을 일으키는 것을 말한다.

가. 접근하거나 따라다니거나 진로를 막아서는 행위

나. 주거, 직장, 학교, 그 밖에 일상적으로 생활하는 장소(이하 '주거 등'이라 한다) 또는 그 부근에서 기다리거나 지켜보는 행위

다. 우편·전화·팩스 또는 「정보통신망 이용촉진 및 정보보호 등에 관한 법률」 제2조 제1항 제1호의 정보통신망을 이용하여 물건이나 글·말·부호·음향·그림·영상·화상(이하 '물건 등'이라 한다)을 도달하게 하는 행위

라. 직접 또는 제3자를 통하여 물건 등을 도달하게 하거나 주거 등 또는 그 부근에 물건 등을 두는 행위

마. 주거 등 또는 그 부근에 놓여져 있는 물건 등을 훼손하는 행위

이러한 스토킹범죄는 흉기 또는 그 밖의 위험한 물건을 휴대하거나 이용해서 범죄를 저지른 경우가 아니라면 피해자의 의사에 반하여 공소를 제기할 수 없는 반의사불벌죄에 해당합니다. 스토킹처벌법 기소 이후 36%가 피해자가 처벌을 원치 않아 더는 사건이 진행되지 않았습니다. 그러나 이렇게 합의하는 과정에서 가해자가 피해자에게 2차 스토킹범죄와 보복 범죄를 저지를 가능성이 있어 문제로 지적되었습니다. 이에 법무부는 반의사불벌죄를 삭제하여 피해자의 의사와 상관없이 처벌이 가능하도록 하는 내용을 포함한 스토킹처벌법 개정안을 2022년 10월 19일 입법예고하였습니다.

또한 현행법에서는 그 글이나 그림 등이 '피해자 본인'에게 도달하는 것을 요건으로 해서 피해자가 아닌 제3자나 불특정 다수

스토킹처벌법 법무부 입법예고안(2022. 10. 19. 기준)

구분	주요 내용
스토킹행위자 처벌 강화 및 재발방지	• 반의사불벌죄 조항 삭제 • 온라인스토킹 행위 유형 추가 • 잠정조치에 위치추적 전자장치 부착 도입
피해자 보호 강화	• 피해자 신변안전조치 도입 • 피해자 신원 등 누설 금지 도입 • 피해자 국선변호사 제도 도입 • 피해자보호명령 제도 도입
잠정조치·긴급응급조치 위반 시 처벌 강화	• 잠정조치 불이행죄 법정형 상향 • 긴급응급조치 위반 시 형사처벌 신설
잠정조치·긴급응급조치 취소 등 관련 절차 보완	• 사경(사법경찰)이 검사에게 잠정조치 취소 · 변경 · 연장 신청 근거 규정 신설 • 잠정조치 · 긴급유형조치가 취소 · 변경 · 연장된 경우 피해자에게 통지 규정 신설

인을 상대로 한 온라인 스토킹에 대해 사실상 그 피해가 막대함에도 처벌하기가 어렵다는 지적이 있습니다.

법무부 입법예고안에서는 이러한 온라인 스토킹행위 유형도 스토킹 유형으로 추가하고, 피해자 보호를 강화하는 피해자 신변안전조치, 피해자보호명령 제도, 피해자 국선변호사 제도 등의 도입도 내용으로 하고 있습니다.

거짓말을 하면 모두 무고죄가 되나요?
성범죄에서 무죄판결을 받으면
피해자는 무고죄가 되나요?

아닙니다. 거짓말로 한 것이라 해도 그것이 '객관적 진실'에 어긋나고 동시에 상대방을 처벌받게 하려는 목적이 있어야 무고죄가 성립합니다. 즉 무고죄는 다른 사람이 형사 처분이나 징계 처분을 받게 할 목적으로 관련 기관에 허위 사실을 신고함으로써 성립하는 범죄입니다.

다만 고소 내용이 진실과 조금 다르다 해도 단순한 착각이거나 사실에 기초하였으나 그 표현을 조금 과장한 것에 불과한 경우에는 무고죄가 성립하지 않습니다.

그래서 거짓 고소장을 내는 것뿐만 아니라 경찰서에 거짓으로 범죄신고를 하거나 허위진술을 하는 것, 나아가 공무원을 징계

받게 하려고 허위사실을 투서하거나 해당 기관 민원게시판에 올리는 것까지도 그게 어떤 특정한 사람을 처벌받게 할 목적이 있고, 허위사실에 기초했다면 무고죄가 될 수 있으니 주의해야 합니다.

성범죄와 관련하여 무고죄가 많이 이야기되고 있습니다. 이는 성범죄 관련 피해자의 일관된 진술만으로도 혐의가 인정되는 최근 경향과도 관계가 있습니다.

결론부터 말하면, 피의자(가해자)가 혐의 없음 처분이나 무죄판결을 받았다고 해도 성범죄로 고소한 사람(피해자)이 바로 무고죄가 되는 것은 아닙니다. 오히려 그렇게 될 확률은 아주 낮습니다.

무고죄는 '허위의 사실'을 신고했어야 하는데, 법원에서는 무혐의처분이나 무죄판결이 내려졌다고 피해자 진술이 곧바로 허위라고 입증되는 것이 아니라고 보기 때문입니다. 그래서 성범죄 피의자가 무죄를 받았더라도 고소인인 피해자 역시 무고죄에 대해 무죄판결을 받을 수 있는 것입니다.

그렇다면 성범죄에서 어떤 경우에 무고죄가 성립될까요? 피해자 진술이 허위였다는 것이 객관적 증거로 증명되고 고의성도 입증되는 경우입니다.

객관적 증거는 성범죄 전후 당사자 간 문자 대화, 사건 주변 CCTV, 차량 블랙박스, 목격자 진술 등입니다. 이러한 증거들이 있다고 해도 일부러 신고했다는 고의성을 입증하기 어렵기 때문에 실제로 성범죄와 관련된 무고죄에서 유죄판결을 받는 비율은 1% 미만입니다.

대법원은 "성폭력 범죄는 가해자와 피해자의 사적이고 내밀한 영역에서 이뤄져 당사자들 외에 그 내막을 정확히 알 수 없는 것이 일반적이고, 성폭행 피해자의 대처 양상은 피해자의 성정이나 가해자와 관계, 구체적 상황 등에 따라 다르게 나타날 수밖에 없다"며 "A씨가 일부 보인 행동들이 성폭력 피해자로서 전형적으로 취할 수 있는 행동이 아니라거나 B씨와 합의하에 성관계를 한 것이라 단정할 수 없고, A씨가 주장한 사실 자체를 허위라고 볼 수 없는 이상 허위사실을 고소한 것이라고 단정하기 어렵다"라고 설명하며 성범죄 무고죄에 무죄판결을 하였습니다.

일반적인 무고죄는 유죄 비율이 높지만(뒷부분에서 설명) 성범죄 무고죄는 유죄 비율이 1% 미만인 것은 이런 이유 때문입니다.

40

성관계 중 촬영이나 녹음을 하면
다 범죄가 되나요?

성관계 중 동의 없는 영상촬영은 당연히 범죄입니다. 상대의 동의 없이 촬영된 영상은 원본 또는 복제물을 가지고만 있어도 범죄가 되고 구입·저장 또는 시청한 자도 마찬가지로 3년 이하의 징역 또는 3천만 원 이하의 벌금에 처해질 수 있습니다.

만일 성관계 영상을 상대와 합의하에 촬영했다면 그 자체가 범죄가 되는 건 아니지만 나중에 상대방 동의 없이 그 영상을 다른 사람에게 보내면 범죄가 됩니다.

성관계 중 녹음을 하는 것은 동의가 없다 하더라도 형사처벌되는 범죄는 아닙니다. 다만 이 경우에도 상대의 동의 없이 하였기 때문에 음성권* 침해로 민사상 손해배상 책임은 질 수 있습니다. 즉, 녹음 자체는 불법이라 이에 대한 배상을 해야 할 수 있지만, 바로 형사처벌되는 범죄는 아니라는 이야기입니다.

👤💬 용어 설명

- **음성권**
  사람은 누구나 자신의 음성이 자기 의사에 반하여 함부로 녹음되거나 재생·방송·복제·배포되지 않을 권리를 가진다는 것. '모든 국민은 인간으로서의 존엄과 가치를 가지며, 행복을 추구할 권리를 가진다'는 헌법 제10조에 근거를 둔 권리

대화 중 상대방 동의 없이 녹음한 것도
증거로 인정되나요?

대화에 참여하지 않은 사람이 다른 사람의 대화를 엿들으려고 녹음한다면 통신비밀보호법 위반으로 형사처벌 대상이 되고, 재판에서 증거로 사용할 수도 없습니다.

통신비밀보호법 제3조 제1항은 "누구든지 이 법과 형사소송법 또는 군사법원법의 규정에 의하지 아니하고는 우편물의 검열·전기통신의 감청 또는 통신사실확인자료의 제공을 하거나 공개되지 아니한 타인 간의 대화를 녹음 또는 청취하지 못한다. 다만, 다음 각호의 경우에는 당해 법률이 정하는 바에 의한다"라고 규정하고 있습니다. 만일 이를 위반하면 같은 법 제16조 제1항에 따라 1년 이상 10년 이하의 징역과 5년 이하의 자격정지에 처하는 등의 벌을 받게 됩니다. 식당이나 집, 차량에 몰래 녹음기를 설치해두었다가 다른 사람들의 대화를 녹음하는 경우가 이에 해당합니다.

하지만 대화 당사자 중 한 명이 상대방의 동의 없이 대화 내용을 녹음했다면 이때는 통신비밀보호법을 위반한 것은 아니라서 형사소송에서 증거가 될 수 있습니다. 범죄가 예상되는 상황에서 녹음한 경우나 소송을 하려고 상대방과 나눈 대화를 녹음해서 법원에만 제출한 경우가 이에 해당합니다.

그렇지만 이때에도 상대 동의가 없었기 때문에 음성권을 침해한 것이 되어 민사소송의 대상이 될 수 있습니다. 사람은 누구나 헌법 제10조 제1문에 따라 헌법적으로도 보장되는 음성권을 가지고 있기 때문입니다. 그래서 비밀 녹음은 상대의 음성권을 부당하게 침해한 것이 되어서 민사상 손해배상 책임을 지는 불법행위가 될 수 있습니다.

상대방 동의 없이 전화통화 상대방의 통화 내용을 비밀리에 녹음하고 이를 재생하여 녹취서를 작성하는 것은 녹음이 통신비밀보호법상 감청에 해당하지 않는다거나 민사소송의 증거를 수집할 목적으로 녹음하였다는 사유만으로는 정당화되지 않습니다.

이때 음성권으로 보호되어야 하는 음성 정보의 내용은 반드시 개인의 사생활과 관련된 사항으로 한정할 것은 아닙니다. 법원에서는 이렇게 사생활의 비밀과 자유 또는 음성권 등의 인격권을 침해당한 사람에게는 특별한 사정이 없는 한 정신적 고통이 수반된다고 보아 손해배상액을 계산합니다(사안에 따라 다르지만 이러한 손해배상액으로 300만 원을 선고한 판결이 있습니다).

인터넷에서 산 물건을 환불하려고 했더니
규정상 안 된다는데, 정말 그런가요?

환불이 안 된다는 쇼핑몰 규정은 원칙적으로는 법에 위반되어 효과가 없습니다. 일반적으로 소비자는 배송받은 날부터 7일 이내에는 자유롭게 주문을 취소할 수 있습니다(전자상거래법 제17조 제1항). 또한 소비자에게 불리한 규정(주문 취소나 반품 금지 등)이 포함된 구매계약은 효력이 없습니다(전자상거래법 제35조).

하지만 주문 취소와 반품을 할 수 없는 경우도 있습니다. 소비자 잘못으로 물건이 그 물건의 기능을 할 수 없을 정도로 전부 파괴된 상태가 되거나 훼손된 경우(다만, 내용물을 확인하려고 포장을 훼손한 경우에는 취소나 반품 가능), 소비자가 사용해서 물건의 가치가 뚜렷하게 떨어진 경우, 시간이 지나 다시 판매하기 곤

란할 정도로 물건의 가치가 뚜렷하게 떨어진 경우, 복제가 가능한 물건의 포장을 훼손한 경우, 디지털콘텐츠의 제공이 시작된 경우나 주문 제작 맞춤형 상품인데 사전에 주문 취소·반품이 되지 않는다는 사실을 별도로 알리고 소비자의 서면(전자문서 포함)에 의한 동의를 받은 경우에는 주문 취소가 제한될 수 있습니다(전자상거래법 제17조 제2항 본문, 전자상거래법 시행령 제21조).

위와 같은 경우가 아닌데도 무조건 '한번 주문하면 주문 취소가 절대 불가하다' '반품이 안 된다'는 쇼핑몰 규정은 법에 위반되어 효력이 없습니다. 소비자는 쇼핑몰의 환불 불가 규정이 있더라도 주문을 취소할 수 있습니다.

더 알아보기

쇼핑몰에서 본 그 규정, 사실은 위법

공정거래위원회에서는 인터넷쇼핑몰의 공지사항 또는 교환·환불 안내, 게시판 등에서 구매자에게 불리한 내용을 고지한 경우 사업자의 위법·부당행위에 해당한다고 해석하고 있습니다. 몇 가지 사례를 들어 살펴보면 이렇습니다.

- 고객님의 단순 변심이나 적립금으로 구입하신 상품, 세일상품의 경우 반품, 교환, 환불을 해드리지 않습니다.
  → 단순 변심에 의한 반품·환불이 불가하거나 청약철회는 상호합의로만 할 수 있다고 표기한 경우로 청약철회 방해 문구입니다.

- 저희 쇼핑몰의 모든 상품은 교환·환불이 불가능하며 부득이한 경우 적립금으로 대체되오니 이 점 유의하시고 신중한 구매 부탁드립니다.

  → 교환·환불은 불가하며 적립금으로만 대체 가능하다고 표기한 경우로 위법합니다. 청약철회를 하는 경우 소비자는 이미 공급받은 제품을 사업자에게 반환해야 하며, 사업자는 물품을 반환받은 날로부터 3영업일 이내에 적립금이 아닌 현금으로 이미 받은 대금을 환급해야 합니다.

- 제품 수령 후 3일 이내에 반품 의사를 밝혀주셔야 하며, 제품은 7일 이내에 도착해야 합니다.

  → 청약철회 기간을 7일 미만으로 표기하거나 7일 이내 반품 도착을 요구하는 등 청약철회 기간을 축소해서 위법합니다.

- 화이트나 아이보리 계열의 밝은 의류 및 니트류/언더웨어/레깅스는 살짝 입어보기만 해도 훼손되기 쉽습니다. 상품훼손 시 교환·반품이 불가하오니, 신중하게 확인 바랍니다.

  → 특정상품(니트류, 흰색상품 등)·세일상품은 환불·반품이 불가하다고 표기한 경우라 위법합니다.

- 제품을 개봉하거나 상품 가치가 훼손된 경우에는 제품의 교환 및 환불이 불가합니다.

  → 내용물을 확인하려고 포장을 개봉하면 환불·반품이 불가하다고 표기한 경우로 위법합니다(2021년 전자거래분쟁조정사례집, 과다광고에 속아서 산 물건, 환불받을 수 있나요?, 한국소비자원 참조).

43

인터넷에서 산 물건이 실제와 다른데
어떻게 하죠?

인터넷쇼핑몰에는 다양한 광고가 있습니다. 그런데 허위, 과장 표시 광고를 보고 물품을 산 소비자는 어떻게 할 수 있을까요? 인터넷쇼핑몰에서 광고할 때 본 소재와 실제 배송된 옷의 재질이 다른데, 쇼핑몰에서는 구입 후 20일이 넘었다고 반품을 거절하는 경우에도 객관적인 입증자료가 있다면 소비자는 사업자에게 반품하고 환급을 받을 수 있습니다.

허위·과장광고로 피해를 본 경우 허위·과장광고임을 입증할 수 있는 근거인 화면 인쇄 자료, 전단, 신문광고 등이 있다면 소비자는 그 인터넷쇼핑몰에 보상을 요구할 수 있습니다. 전자상거래법 제17조 제3항에 따르면 "재화 등의 내용이 표시·광고의 내용과 다르거나 계약내용과 다르게 이행된 경우에는 그 재화 등을 공급받은 날부터 3개월 이내, 그 사실을 안 날 또는 알 수 있었던 날부터 30일 이내에 청약철회 등을 할 수 있다"라고 되어 있습니다.

철회방법으로는 서면으로 통보하는 것이 또 다른 분쟁을 예방할 수 있으므로 우체국의 내용증명* 우편으로 사업자에게 청약철회 사실을 통보합니다.

또한 광고심의와 허위·과장광고에 대한 규제는 공정거래위원회에서 담당하므로 소비자 피해의 구제가 아닌 광고심의와 시정조치는 공정거래위원회에서 촉구할 수 있습니다.

🔖 용어 설명

- **내용증명**
  발송인이 작성한 등본을 우체국에 보내 '어떤' 내용의 문서를 '언제', '누구에게' 발송하였는지를 우체국장이 증명하는 제도. 내용증명 우편을 보내려면 똑같은 내용의 문서 3통이 필요한데, 1통은 우체국이 보관하고, 1통은 발신자가 보관하며, 나머지 1통을 수신자에게 보내 해당 내용의 문서가 발송되었음을 증명한다. 손해배상청구, 계약 해지 통보 등의 용도로 많이 사용되지만 내용 증명 자체가 법적 효력이 발생하는 것은 아니다.

44

대머리라고 말하면 죄가 되나요?

욕설이라면 모욕죄, 단순한 의견이 아니라 '사실'에 관한 것이라면 명예훼손이 될 수 있습니다. 그렇다면 게임 채팅에서 '대머리'라고 말하면 모욕 또는 명예훼손이 될까요?

게임 채팅에서 '대머리'라고 말한 것은 명예훼손죄가 되지 않았지만, 여러 사람 앞에서 '머리 벗겨진 놈아'라고 한 경우에는 피해자의 신체적 약점을 포함한 욕설을 하여 공연히 피해자를 모욕하였다고 보아 모욕죄가 인정된 경우가 있습니다.

- 게임 채팅에서 대머리: 명예훼손 X
- 여러 사람 앞에서 머리 벗겨진 놈아: 모욕 O

법원은 명예훼손죄가 성립하려면 특정인의 사회적 가치 내지 평가가 침해될 가능성이 있는 구체적 사실을 적시하여야 한다고 말합니다(대법원 2000. 2. 25. 선고 98도2188 판결 등 참조). '나는 이 사람이 마음에 들지 않는다'와 같은 표현은 의견에 불과하고, '그 사람은 전과가 있는 사람이다'와 같이 표현하면 구체적 사실로 볼 수 있습니다.

　어떤 표현이 명예훼손적인지는 그 표현에 대한 사회통념에 따라 객관적 평가로 판단하기 때문에 가치중립적 표현을 사용했다 하더라도 사회통념상 그로써 특정인의 사회적 평가가 저하되었다고 판단된다면 명예훼손죄가 성립할 수 있습니다.

　피고인이 '리니지' 게임상에서 피해자를 비방할 목적으로 그 게임에 접속하여 게임을 하는 불특정 다수인이 볼 수 있는 채팅창에 피해자의 닉네임을 언급하며 '뼈꺼, 대머리'라는 내용의 글을 올린 사안에서 명예훼손죄가 성립하기 위한 '거짓의 사실'은 개인의 주관적 감정이나 정서를 떠나서 객관적으로 볼 때 상대방의 사회적 가치나 평가를 저하시키는 내용에 해당하는 것으로 평가될 수 있어야 함은 물론, 그 표현을 하게 된 상황과 전후 맥락에 비추어 그 표현 자체로 '구체적 사실'을 드러낸 것이라고 이해될 수 있어야만 한다고 봅니다.

　또 '뼈꺼(머리가 벗겨졌다는 뜻으로 사용하는 속어)'나 '대머리'라는 표현은 그 표현을 하게 된 경위와 의도, 피고인과 피해자는 직접 대면하거나 사진이나 영상으로라도 상대방 모습을 본 적이 없이 단지 인터넷이라는 사이버 공간의 게임 상대방으로 닉네임으로만 접촉하였을 뿐인 점 등 앞서의 여러 사정에 비추어볼 때, 피고인이 피해자에 대한 경멸적 감정을 표현하여 모욕을 주려고 사용한 것일 수는 있을지언정 객관적으로 그 표현 자체가 상대방의 사회적 가치나 평가를 저하시키는 것이라거나 그에 충분한 구체적 사실을 드러낸 것으로 보기는 어렵다 할 것이라고 하였습니다.

그러나 우리 법원은 '싸이월드'에 7회에 걸쳐 특정인을 지목해서 그 사람이 동성애자라는 내용의 글을 게재한 사람에 대해 현재 우리 사회에서 자신이 스스로 동성애자라고 공개적으로 밝히는 경우 사회적으로 상당한 주목을 받으며 글을 작성한 사람이 그 지목된 사람을 괴롭히려고 이런 글을 게시했기 때문에 명예훼손이 된다고 보았습니다.

명예훼손을 한 사실이 인정되더라도, 실제로 교도소까지 가는 경우는 별로 없고, 몇백만 원 벌금형이 내려지는 경우가 많습니다. 그러나 명예훼손에 대해서도 징역형이 선고된 사례가 있고, 벌금형만 받는다고 하더라도 벌금형은 형벌이기 때문에 전과가 평생 남게 됩니다. 또한 이렇게 전과가 남으면 그다음부터는 초범이 아니므로 처벌 수위가 더 높아질 수 있습니다(2장 25 벌금형만 받았는데 전과가 남나요? 참조).

악플러를 처벌하고 피해도
보상받을 수 있나요?

악플러(부정적인 댓글을 쓰는 사람)가 처벌받기를 원한다면, 그 악플 내용에 따라 모욕이나 명예훼손으로 고소해서 형사처벌을 받게 할 수 있습니다. 악플로 받은 정신적 손해에 대해 돈으로 배상받고 싶다면 민사소송을 해서 민사상 손해배상 책임도 물을 수 있습니다. 형사처벌을 받게 하는 것과 돈으로 손해를 배상하게 하는 두 가지는 함께 할 수도 있고, 하나만 선택할 수도 있습니다.

명예훼손은 피해자가 한번 합의해주면 더는 가해자를 처벌할 수 없습니다. 따라서 합의서를 작성해주거나 수사를 받으면서 용서하겠다고 말하면, 그 명예훼손 건에 대해서 더는 가해자를 형사처벌할 수 없습니다.

만일 가해자가 진정한 사과를 하고 합의금을 주기로 약속해서 합의서를 써주었는데, 나중에 말을 바꾸어 사과도 하지 않고 합의금도 주지 않는다면 이 합의서는 효력이 있을까요? 그래도 효력이 있습니다. 법의 세계에서는 용서가 번복되지 않는다는 사실을 기억해두면 좋겠습니다.

명예훼손의 피해자는 고소를 하여 형사절차를 진행하며 가해자와 합의해 합의금을 받을 수 있습니다.

그러나 합의가 되지 않아 댓글로 명예훼손을 한 가해자가 벌금을 낸다고 하더라도, 그건 댓글을 단 사람이 국가에 내는 것이지 피해자에게 돌아오는 것은 아닙니다. 이때 피해를 본 사람으로서는 억울한 마음을 돈으로라도 보상받고 싶을 수 있습니다. 특히 요즘에는 고소하면서 변호사를 선임하는 경우가 많습니다. 명예훼손적 표현으로 상처도 받았는데 자신의 돈까지 써서 고소를 한 피해자가 가해자와 형사상 합의가 이뤄지지 않은 경우에도 금전적으로 배상받는 방법이 있을까요?

피해자는 가해자에 대하여 민사상 손해배상청구소송을 진행해서 위자료를 받는 방법이 있습니다. 이 금액은 사안에 따라 다르지만 일반적으로 개인이 댓글로 명예훼손을 한 경우 수십만 원에서 200만 원 상당의 위자료를 받을 수 있습니다. 물론 구체적 상황에 따라 수천만 원에 이르는 위자료를 받은 경우도 있습니다.

참고로 모욕죄의 경우 1년 이하의 징역이나 금고 또는 200만 원 이하의 벌금에 처해지는 데 반해, 명예훼손죄의 경우 사실을 적시하여 사람의 명예를 훼손한 자는 2년 이하의 징역이나 금고 또는 500만 원 이하의 벌금, 허위로 명예훼손을 할 경우에는 최고 징역 5년 또는 벌금 1,000만 원까지로 법정형이 모욕죄에 비하여 더 높기 때문에 일반적으로 합의금이나 위자료도 더 높은 경향이 있습니다.

방송사나 신문사 또는 유튜브에서 명예훼손을 한 경우는 민사소송에서 인정되는 손해배상금액이 조금 더 높습니다. 언론중재위원회의 언론 관련 판결 분석보고서에 따르면 이 경우 법원의 평균 손해배상 인용액은 2020년 기준 평균 약 1,801만 원이고 중앙값은 500만 원입니다.

이때 알아두어야 할 것이 있습니다. 민사소송은 상대방의 이

손해배상청구 사건의 위원회 조정액과 법원 인용액 비교

구분	인용 건수	평균액(원)	중앙값(원)	최저액(원)	최고액(원)
언론중재위원회	38	4,009,394	1,000,000	10,000	20,000,000
법원	61	18,013,455	5,000,000	1,000,000	205,240,000

출처: 언론중재위원회 언론 관련 판결 분석보고서

름, 주소 또는 전화번호를 알아야 원활하게 진행됩니다. 그래서 그 댓글을 단 사람이 누구인지 알아내는 것이 우선입니다. 보통은 형사 고소 절차나 이용자 정보제공청구로 그 사람이 누구인지 알아낸 다음에 하는 것이 일반적입니다.

형사 고소는 상대방 이름을 모르더라도 할 수 있습니다. 이때 중요한 것은 그 댓글 내용을 증거로 확보해두는 것입니다. 아이디와 댓글, 해당 사이트 주소, 날짜와 시간이 표시되도록 화면을 캡처하는 것이 좋고, 이를 고소장과 함께 경찰에 내면 경찰 수사가 더 신속하게 진행될 수 있습니다.

그러나 고소를 시작해도 재판까지 가는 데는 시간이 오래 걸립니다. 따라서 그 시간에 명예훼손적 내용이 담긴 댓글을 계속

◀ 더 알아보기

캡처 제대로 하는 법

증거로 사용하려고 캡처할 때 그 내용의 일부만 잘라 제출하면 정보의 위치를 알 수 없어 증거자료로 사용하기 어려울 수 있습니다. 문제가 되는 내용과 함께 URL이 나오게 캡처를 해두어야 하며, 작성일시와 ID, 닉네임, IP 등이 드러나게 캡처를 해두어야 합니다. 또한 문제되는 내용이 댓글이라 하더라도 해당 글의 본문 내용과 함께 캡처하는 것이 좋습니다. 핸드폰에서 캡처하면 이러한 정보들이 표시되지 않는 경우가 많으니 가급적 PC 환경에서 캡처하는 것을 권합니다.

방치하기보다는 먼저 캡처해서 증거를 확보하고 바로 그 댓글이 올라간 네이버, 유튜브 같은 사이트에 신고해서 다른 사람들이 더는 그 댓글을 보지 못하게 조치하는 것이 좋습니다.

　누군가 나의 명예를 훼손하는 내용이 담긴 방송이나 글을 게시했는데, 해당 사이트에 삭제를 요청해도 해당 방송이나 글을 내려주지 않는다면 민사법원에 게재(방송)금지가처분을 신청할 수도 있습니다. 이때 법원으로 바로 가는 것이 부담스럽다면, 방송통신심의위원회 홈페이지 '전자민원' 항목 중 '인터넷피해구제신청' 카테고리에서 명예훼손 등 권리를 침해한 콘텐츠를 심의하거나 조치를 취해달라고 신청할 수 있습니다.

고소하지 않고도 악플 단 상대방의
정보를 아는 방법이 있나요?

아이디를 안다면 '이용자 정보제공청구'를 해서 고소하지 않고도
상대방의 이름, 주소, 생년월일 등의 정보를 알 수 있습니다.

그 방법을 자세히 알아보면, 방송통신심의위원회 홈페이지
'전자민원' 항목 중 '인터넷피해구제 신청'으로 들어가서 인터넷
피해구제 초기 화면의 이용자 정보제공청구 중 '신청'을 누릅니
다. 그다음 '이용자 정보제공청구' 화면에서 하단의 청구서 작성
을 누른 뒤 절차에 따라 댓글 단 사람의 이름, 주소, 생년월일 등
청구대상 정보를 달라고 청구서를 작성해서 제출할 수 있습니
다. 이때 청구대상 정보의 위치(URL)와 캡처 화면이 필요하며,
반드시 소송 목적으로만 청구할 수 있습니다.

이렇게 얻은 댓글 작성자의 정보를 이용해서 민사상 손해배상 청구 소송을 진행할 수 있습니다. 이때 정보제공청구를 접수하면 그 사실이 댓글 작성자에게 전달될 수 있는데, 그가 이에 동의하지 않으면 접수가 제한될 수 있습니다. 또 청구인은 권리침해에 해당하는 정보의 구체적 위치(URL 등)와 그 위치가 표시된 캡처 화면 원본을 제출해야 합니다.

악성 댓글로 피해를 보았고, 그 댓글을 단 사람이 누구인지 알면 그 정보를 이용해 그 사람에게 무언가 하고 싶은 마음이 들수도 있습니다. 그러나 소송 목적으로 받은 댓글 작성자 정보를 소송 목적 이외에 다른 용도로 사용하면 처벌받을 수 있으니 주의하여야 합니다.

2장
결국 법원으로 갑니다

01

소송을 시작하기 전에
변호사를 꼭 선임해야 하나요?

변호사를 꼭 선임해야만 하는 소송이 있고, 그렇지 않은 소송이 있습니다. 변호사가 없으면 소송을 할 수 없는 경우를 '변호사 강제주의' 또는 '필수적 변호사 변론주의'라고 하는데 헌법재판소의 각종 심판절차(헌법재판소법 제25조 제3항), 소비자 단체소송(소비자기본법 제72조), 개인정보 단체소송(개인정보보호법 제53조), 증권 관련 집단소송(증권관련집단소송법 제5조 제1항)이 그러한 예입니다.

민사소송은 이러한 변호사 강제주의가 아니기 때문에 변호사가 없어도 소송을 할 수 있습니다. 그런데 우리가 알고 있듯이 많은 사람이 변호사를 선임하여 소송을 진행합니다. 왜 그럴까요?

스포츠 경기에서 그 스포츠의 규칙을 이해해야 이기는 데 유리하듯, 법원에서 적용되는 재판 규칙을 잘 알아야 소송에서 이길 확률을 높일 수 있습니다.

법원에서 판사는 재판의 결론을 내리기 위해 법에서 정한 요건을 채웠는지, 그것이 증거로 입증되었는지를 따져서 살피고 판단을 내립니다. 소송에서는 증거와 논리로 말하는 것이지 인정이나 감성에 호소하는 것이 아닙니다. 개인이 진행하는 소송에서는 판사에게 억울하다며 호소하는 일이 많은데 설령 안타까운 사정이 있다 하더라도 판사는 요건사실과 증거에 따라 판단하므로 그런 감정만으로 누군가의 손을 들어줄 수 없습니다.

재판의 판단자료가 되는 증거를 모으고 제출하는 것도 법률전문가인 변호사의 도움을 받을 때 더 효율적으로 진행되므로 많은 경우에 변호사를 선임하여 재판하게 됩니다. 예를 들어 법원에서는 증거자료를 검토한 결과 원고에게 1억 원의 권리가 인정된다고 해도 원고가 5,000만 원만 청구했다면 5,000만 원에 대해서만 인정할 수 있고, 5,000만 원의 범위를 넘어서 1억 원만큼의 권리를 인정할 수 없습니다.

이처럼 법원이 당사자가 요청한 범위를 넘어서 재판할 수 없고, 당사자의 요구가 없으면 재판을 시작하거나 끝낼 수 없는 것을 처분권주의라고 합니다. 그렇다면 무조건 많이 청구하고 보면 되지 않느냐고 할 수 있으나 뒤에서 다룰 '1억 손해배상청구가 3억 손해배상청구보다 유리한 이유는 뭔가요?'에서 보듯 인지세가 달라지기 때문에 무한정 청구를 많이 하는 것이 반드시 유리하지는 않습니다. 따라서 소송할 때는 법에서 나에게 인정되는 권리는 어느 정도 범위이고, 그걸 뒷받침하는 증거는 어떤 것이 있는지 파악하는 것이 중요합니다.

법원에서는 당사자가 주장한 것 이외에는 알아서 판단하지 않으며, 판사의 판단에 필요한 증거도 당사자가 준비해야 합니다. 현명한 솔로몬이나 판관 포청천(송나라의 정치가. 판관이 되어 부패한 정치가를 엄정하게 처벌해 드라마로도 만들어짐)처럼 판사가 모든 것을 알아서 찾아내고 판단하지 않습니다.

이런 규칙을 정확하게 이해한 법률전문가인 변호사를 선임하면, 꼭 해야 하는 주장과 필요한 증거를 법원에 제시하여 소송을 효율적으로 진행할 수 있습니다. 또한 소송 과정에서는 법에 정해진 절차에 따라 꼭 지켜야 하는 기간과 형식이 있습니다. 그리고 판결이 확정되면 기판력*이라는 효과가 발생해서 항소한다고 해도 그전에 충분히 법적 주장을 하지 않았다면 재판 결과를 바꾸기가 어렵습니다.

자신에게 불리한 내용이나 증거를 한 번 소송에서 제공하면 그것을 다시 부정하기가 쉽지 않은데, 어떤 게 법적으로 유리하고 불리한지 충분히 공부하지 않으면 모르는 경우가 많을 수밖에 없어서 법률전문가와 논의하며 진행하는 사례가 많습니다.

법적인 전문지식 문제로 변호사를 선임하기도 하지만 시간과 노력의 문제로 변호사를 선임하는 일도 있습니다. 소송은 한번에 끝나지 않고 4~5번 정도 변론기일(재판받는 날짜)을 거치는 경우가 많습니다. 변론기일은 당연히 평일 근무 시간과 겹치기 때문에 변호사가 없다면 자신이 법원에 직접 출석해야 해서 본업에도 지장을 줄 수 있습니다. 민사소송에서는 소송대리인인 변호사가 있으면 소송대리인만 출석해도 되므로 이러한 이유로 변호사를 선임하기도 합니다. 그러면 변호사가 소 취하, 항소제기, 가압류 같은 모든 소송행위를 대신하게 됩니다.

반면, 형사소송은 국선변호인 제도가 있어서 변호사를 선임하지 못한 '구속' 피고인에게는 법원에서 국선변호사를 정해줍니다. 그러나 이는 구속되었을 때만 해당하므로 구속되지 않은 피고인은 변호사를 선임하거나 직접 소송을 진행해야 합니다.

또한 형사소송에서는 변호사가 있더라도 사건 당사자가 재판에 나가야 합니다. 특히 형사법정에서는 재판 결과에 따라 피고인이 구속될 수도 있어서 반드시 피고인이 재판에 나와야 하며, 특별한 사정이 없는 한 법원은 피고인이 나오지 않으면 재판을 진행할 수 없습니다.

변호사나 법무사와 같은 법률전문가 없이 본인이 직접 소송을 진행하는 것을 '나홀로 소송'이라고도 합니다. 대법원이 집계한 2020년 민사 본안 1심 사건 총 91만 2,971건 가운데 나홀로 소송 비율은 71.2%(65만 408건)에 달했는데, 이 비율은 지난 몇 년 동안 해마다 70%대를 유지하고 있습니다. 소송액이 2억 원을 넘는 고액 민사소송에서도 약 30%는 원고·피고 모두 나홀로 소송을 합니다. 형사소송에서도 1심 형사재판의 '나홀로 소송' 피고인 비율이 해마다 40%를 넘습니다.

이와 같이 나홀로 소송을 많이 하지만 정보를 수집하고 법리를 공부하고 직접 재판에 출석하는 기회비용과 시간을 놓고 볼 때 변호사를 선임하는 것도 고려할 수 있습니다.

국선변호인

국선변호인은 형사사건 피고인이 경제사정 등으로 직접 변호인을 선임할 수 없거나 피고인의 청구에 따라 법률로 정해진 경우에 한해 법원이 국비로 피고인의 변론을 맡기는 변호인을 말합니다. 우리나라 헌법 제12조에서는 '형사피고인이 스스로 변호인을 구할 수 없을 때에는 법률이 정하는 바에 의하여 국가가 변호인을 붙인다'라고 하였습니다.

이에 따라 현행 형사소송법에는 피고인이 구속되었을 때, 미성년자일 때, 70세 이상인 자일 때, 농아자(聾啞者)일 때, 심신장애가 의심될 때 변호인이 없으면 법원에서 직권으로 국선변호인을 선임하도록 되어 있습니다. 그리고 빈곤, 기타 사유로 변호인을 선임할 수 없는 때에는 피고인의 청구가 있는 경우와 피고인의 연령·지능·교육 정도 등을 참작해 권리보호를 위하여 필요하다고 인정되면 피고인의 명시적 의사에 반하지 않는 범위 안에서 국선변호인을 선임하도록 하고 있습니다.

국선변호인은 법원의 관할구역 안에 사무소를 둔 변호사, 그 관할구역 안에서 근무하는 '공익법무관에 관한 법률'에 따른 공익법무관 또는 그 관할구역 안에서 수습 중인 사법연수생 중에서 피고인 또는 피의자마다 원칙적으로 한 명을 선정합니다. 하지만 사건의 특수성에 비추어 필요하다고 인정되면 여러 명을 선정할 수 있습니다.

02

변호사를 선임하기 전에
상담을 먼저 해야 할까요?

상담 같은 거 하지 않아도 전문가인 변호사가 알아서 척척 해결해주었으면 싶고, 이미 너무 지쳐 상담 과정 자체도 힘들다고 느낄 수 있습니다. 그러나 변호사 상담은 법적 문제의 해결책을 찾는 과정이기도 하지만, 내가 선임할 만한 변호사인지 탐색하는 과정이기도 합니다. 따라서 상담은 파트너 찾기의 첫 단추라고 할 수 있습니다.

변호사 선임은 앞으로 진행되는 재판 과정에서 함께 갈 파트너를 고르는 일이기에 신중히 해야 합니다. 소송까지 간다면 짧게는 반년, 길게는 몇 년 이상 이어지는 장기레이스이기 때문입니다. 따라서 변호사와 상담하는 과정에서 그 변호사가 하는 말이 이해가 가는지, 태도는 어떤지, 자신에게 맞는 파트너인지 알아보는 과정이 필요합니다. 상담 과정에서 나와 상담한 사람이 누구인지 확인하고, 만약 이 사건을 맡긴다면 내 사건을 어떤 변호사가 담당할지 물어보아 함께 갈 만한 사람인지 직접 확인하는 것이 좋습니다.

상담할 때 어디까지 말해야 할까요?
변호사가 내 비밀을 지켜줄까요?

가까운 사람, 믿었던 사람들과 분쟁에 휘말리면 사람을 믿기가 더 어려워져 자꾸 의심이 들 수 있습니다. 그러나 적어도 자신의 변호사에게는 솔직하게, 있는 그대로 그리고 적극적으로 사건의 진상과 알고 있는 정보들을 공유해야 합니다. 이때 비밀은 법적으로 보호됩니다. 변호사에게는 변호사 상담 시 의뢰인의 비밀을 지켜야 하는 비밀유지의무가 있습니다.

실제로 변호사가 마약사건 피의자신문 참여 중 자신이 알게 된 의뢰인의 진술 내용을 누설함으로써 의뢰인의 비밀유지의무를 위반한 사례도 있습니다.

쉽게 말해 변호사가 의뢰인의 비밀을 누설한다면, 그건 그 변호사가 법을 위반한 것으로 징계 사유가 되므로 비밀은 지켜질 거라고 믿고 솔직하게 이야기해야 합니다. 왜냐하면 변호사는 사건 당사자가 아니므로 의뢰인이 말한 것을 믿고 소송을 준비하기 때문입니다. 또한 솔직하지 않은 정보에 기초해 소송을 진행하다가 상대측의 반박증거가 나오면 소송에서 오히려 불리해집니다.

따라서 상담 과정에서부터 솔직하게 얘기하고, 설령 그때는 말하기 망설여졌거나 남부끄러워서, 내가 잘못한 게 알려질까 봐 나도 모르게 숨긴 것이 있다면 소송 서면을 작성하기 전, 적어도 소송 진행 중에는 얘기하고 함께 전략을 논의하는 것이 좋습니다.

상담했는데 왜 내가 이길 수 있는지
확실하게 말해주지 않나요?

막상 상담을 해봐도 그래서 이긴다는 건지 진다는 건지, 얼마를 받을 수 있다는 건지 속 시원한 답을 듣기 어려울 때가 많습니다. 변호사들을 포함한 법조인들의 말하기 방식을 한마디로 정리하면 '쉽게 단정하지 않는다'는 것입니다. 재판은 법조문이나 판례가 있다고 하더라도 구체적 사안에 따라, 증거를 얼마나 확보했느냐에 따라 승패가 갈리는 영역이기 때문입니다.

더군다나 법률가는 자기 말에 책임을 지는 직업이므로 상담 단계에서 단정적으로 결론을 내는 것은 어려울뿐더러 때로는 위험한 일입니다.

사이다처럼 시원하게 말해준다고, 무조건 이길 수 있다고 말한다고 해서 좋은 변호사가 아닙니다. 승소를 너무 쉽게 장담하는 변호사야말로 오히려 피해야 할 변호사라는 말을 듣는 이유입니다.

그렇다고 답답해만 할 것이 아니라 다음 항목의 준비사항을 미리 챙겨 변호사와 상담할 때 활용하면 결과에 대해 변호사로부터 더 정확도 높은 답을 이끌어낼 수 있습니다. 변호사든 판사든 누군가가 알아서 옳고 그름을 판단해줄 거라 믿고 손 놓고 있다가는 충분히 이길 수 있는 소송도 진다는 것을 잊지 말아야 합니다.

더 알아보기

변호사 상담 전 준비하면 좋을 것들

많은 시간과 노력, 돈까지 들여 변호사 상담을 하는데 답도 알지 못한다면 대체 왜 상담을 받는지 의문이 들 것입니다. 다음을 준비한 후 변호사와 상담하면 내 문제에 대한 해결책을 찾는 데 도움이 될 것입니다.

- **증거가 될 만한 것들 가져가기**: 법적 분쟁의 세계에서는 증거로 말합니다. 억울하다는 백 마디 말보다 계약서 한 장이 더 힘이 센 것이 이 세계의 규칙입니다. 따라서 계약서나 문자 메시지 등 서류나 증거가 있다면 최대한 수집하여 가져가는 것이 중요합니다.

- **사건에 대해 정확하고 솔직하게 말하기**: 법률문제는 답이 명확하지 않습니다. 판사도 이 사건을 처음 접합니다. 결국 이 사건의 당사자인 여러분이 가장 많은 정보를 알고 있습니다. 사건에 대해 얼마나 정확하고 솔직하게 말하고, 이를 뒷받침할 정보와 증거를 얼마나 제대로 제공했는지에 따라 사건 승패가 달라질 수 있습니다.

변호사 상담비용은
얼마나 들까요?

먼저 알아야 할 것이 있는데요, 변호사의 시간은 곧 돈이라는 사실입니다. 변호사가 사건을 맡았을 때 그 고객에게 청구하는 서비스 시간의 대가인 '타임 차지'가 시간당 수십만 원에서 200만 원에 이릅니다.

🗣 용어 설명

- **타임 차지**Time charge
  하루에 수행한 업무 내용과 시간을 고객별로 적어 내는 것으로 보통 15분 단위로 기록 따라서 변호사와 법률상담을 하려면 대부분 유료입니다. 법무법인에 따라, 변호사에 따라 차이가 있지만 통상적으로 금액은 30분에 5만~10만 원이고 시간은 대개 30분 정도 진행됩니다. 따라서 1시간이면 20만 원 정도를 책정하는 경우가 많습니다. 이는 만나서 하는 방문상담의 경우이고, 전화상담을 할 때는 15분에 2만~3만 원 정도이고 상담 시간도 보통 더 짧습니다.

하지만 이는 사건의 복잡성과 크기에 따라 얼마든지 달라질 수 있기 때문에 상담을 원하는 곳에 먼저 비용을 문의하고 가는 게 좋습니다.

06

법률상담을 무료로
해주는 곳이 있나요?

법에 대해 어느 정도 안다고 해도 법적인 분쟁이 생기면 전문가와 상담이 필요합니다. 변호사와 법률상담을 하는 것은 일반적으로 유료이지만 정부에서는 무료상담을 제공합니다.

대한법률구조공단은 경제적으로 어렵거나 법을 잘 몰라서 법의 보호를 충분히 받지 못하는 사람들을 구조하고자 법무부 산하에 설립된 기관입니다. 법적 어려움이 있는데 법률 서비스를 받을 경제적 능력이 부족한 모든 국민은 면접과 전화, 사이버, 출장 등 상담을 받을 수 있습니다.

법률상담은 예약을 먼저 한 뒤 대한법률구조공단 사무소를 방문하거나 전화(국번 없이 132) 또는 대한법률구조공단 홈페이지에서 할 수 있습니다. 대한법률구조공단 홈페이지 메인 화면 법률구조 아래 메뉴인 법률상담을 누르면 상담안내 화면이 나옵니다. 또한 메인 화면에서 상단의 법률구조를 클릭하면 민사, 가사

상담안내

◤ 방문상담 안내

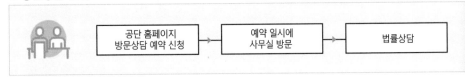

공단 홈페이지 방문상담 예약 신청 → 예약 일시에 사무실 방문 → 법률상담

◤ 화상상담 안내

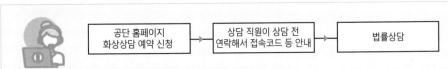

공단 홈페이지 화상상담 예약 신청 → 상담 직원이 상담 전 연락해서 접속코드 등 안내 → 법률상담

◤ 전화상담 안내

국내(국내거주 국민) → 국변 없이 132 전화 연결 → 음성안내에 따라 원하는 정보를 선택하거나 상담원과 직접 상담 가능

해외(재외동포) → 82-54-132 전화 연결

※ 통화료는 발신자 부담으로 서비스 제공

◤ 사이버상담 안내

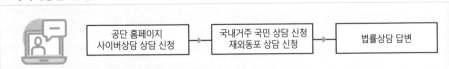

공단 홈페이지 사이버상담 상담 신청 → 국내거주 국민 상담 신청 재외동포 상담 신청 → 법률상담 답변

※ 국내거주 국민 상담: 하루 70건, 신청일 다음 날부터 7일 이내 답변(공휴일 제외)
※ 재외동포 상담: 대상사건은 본국(대한민국) 사건으로 한정

출처: 대한법률구조공단 법률상담 페이지

사건 등 처리절차를 확인할 수 있습니다. 이밖에 시청이나 구청, 공공기관, 변호사협회에서도 무료상담을 제공합니다.

보건복지부장관이 고시하는 기준 중위소득의 125% 이하 국민 또는 국내 거주 외국인 범죄 피해자도 대한법률구조공단을 통하여 무료로 소송대리, 형사변호, 보호사건 보조와 같은 법률구조 신청을 할 수 있습니다. 이때 대물(물건에 대한)피해만 발생한 교통사고는 지원하지 않습니다.

더 알아보기

법률상담 종류별 특징과 장단점

전화법률상담

전화통화 또는 영상통화로 법률상담을 하는 것입니다. 시간과 공간에 영향을 받지 않아서 코로나 이후 점점 늘어나고 있습니다. 장점은 일반적으로 방문상담보다 시간이 짧아서 비용도 더 저렴하다는 것입니다. 변호사 상담료는 대개 30분에 5만 원 정도입니다.

장소에 얽매이지 않기 때문에 선택의 폭이 넓은 것도 장점입니다. 변호사 사무실이 모여 있는 서초에 살지 않더라도 자신에게 맞는 전국의 변호사 가운데서 상담할 변호사를 고를 수 있습니다. 자신이 누구인지 노출하고 싶지 않은 분들 또한 전화상담을 선호합니다. 형사사건이나 가사사건처럼 민감한 사건은 전화법률상담으로 조심스럽게 먼저 상담하고 이후 방문상담을 하는 분도 많습니다.

단점은 전화상담은 상담시간이 방문상담에 비하여 짧은 경우가 많아서 (기본 단위가 10~15분) 내용을 충분히 전달하기에 시간이 부족하다고 느끼는 경우가 있으니 전화상담 연장이 가능한지 통화하기 전에 확인해보는 것도 좋습니다. 또한 증거자료를 같이 검토하고 싶을 때 영상통화가 아니라면 전화통화로는 다소 한계가 있을 수 있습니다. 따라서 일반적으로 초반에는 전화상담으로 진행하다가 후속상담으로 방문상담을 합니다.

방문상담

방문상담의 장점은 직접 변호사와 소통하면서 실시간으로 질문을 주고받을 수 있고 보통 30분이나 1시간 단위로 이루어져 상담시간이 길다는 점입니다.

변호사와 직접 교감한다는 점에서 방문상담을 선호하는 분들도 있습니다. 직접 얼굴을 보며 대화하면 나와 잘 맞는지 판단하기가 수월하다고 보는 것입니다.

단점은 변호사 상담료가 높다는 점입니다. 일반적으로 30분 상담에 10만~20만 원 정도입니다(이는 사건의 난이도나 변호사에 따라 달라질 수 있음). 또한 방문상담은 직접 방문하다 보니 형사사건과 같이 민감한 사건에서 신원이 노출될까 걱정하는 분들은 덜 선호하는 경향이 있습니다.

지역에 따라 한계가 있을 수도 있습니다. 전국의 변호사는 대부분 서울에 있고 그중에서도 서초와 교대 부근에 집중되어 있습니다. 30분 상담하려고 지방에서 서울로 올라오는 것은 비용과 노력, 시간이 많이 드는 일입니다.

변호사 상담은 대부분 한 곳만 하고 바로 결정하기보다는 여러 곳에서 상담을 받아보고 어떤 변호사를 선임할지 결정합니다. 상담하며 알아보는 단계에서 여러 사무실을 직접 방문하는 것은 노력과 시간이 많이 듭니다. 먼저 전화상담으로 변호사를 한두 명으로 좁힌 후 사무실을 방문하는 것이 좋습니다.

카카오톡 상담, 이메일 상담

카카오톡이나 이메일로 문의하고 이에 대한 답변도 카톡이나 이메일로 받는 서면상담을 말합니다. 비용은 일반적으로 1만 원에서 6만 원 정도이나 사건의 복잡성이나 변호사에 따라 달라질 수 있습니다.

장점은 사건 개요를 글로 정리하기 때문에 내용을 체계적으로 전달할 수 있다는 것과 비용이 상대적으로 저렴하다는 점, 증거자료도 첨부하여 함께 확인할 수 있다는 것입니다. 프라이버시가 잘 보장되는 것도 장점입니다. 단점은 사건의 내용을 충분히 전달하는 데에 한계가 있을 수 있다는 것입니다.

1억 손해배상청구가 3억 손해배상청구보다 유리한 이유는 뭔가요?

민사소송은 개인 간 법률관계에서 생긴 분쟁을 법원에 해결해달라고 요구하여 자기 권리를 찾는 것입니다. 따라서 소송비용도 당사자가 부담해야 하므로, 소송을 제기한 사람인 원고가 우선 비용을 내야 재판이 시작됩니다.

형사소송은 국가가 사회 질서를 유지하려고 형벌권을 행사하는 것이므로 소송에 드는 비용도 국가가 부담합니다. 이때는 피고인을 처벌하려는 절차이므로 원칙적으로 범죄 피해자에게 금전배상은 하지 않습니다.

소송비용은 소송하면서 사용하는 비용으로 인지액, 송달료, 증인 여비, 검증비용, 감정비용, 변호사 선임비용을 포함합니다.

1억 손해배상청구가 3억 손해배상청구보다 유리한 이유는 소송비용 중 '인지액' 때문입니다. 소장에는 소가(소송물 가액)에 따라 인지를 붙여야 하는데(민사소송 등 인지법 제2조 제1항), 청구 금액이 클수록 그 비용을 더 많이 내야 합니다.

1심 소가에 따른 인지액

소 가	인 지 대
소가 1천만 원 미만	소가×50/10,000
소가 1천만 원 이상 1억 원 미만	소가×45/10,000+5,000
소가 1억 원 이상 10억 원 미만	소가×40/10,000+55,000
소가 10억 원 이상	소가×35/10,000+555,000

※인지액이 1천 원 미만이면 그 인지액은 1천 원으로 하고, 1천 원 이상이면 100원 미만은 계산하지 않습니다(민사소송 등 인지법 제2조 제2항).

- 항소 시 인지액: 1심 소가에 따른 인지액×1.5
- 상고 시 인지액: 1심 소가에 따른 인지액×2
- 항고 및 재항고 시 인지액: 해당 신청서에 붙이는 인지액×2(민사소송 등 인지법 제11조)

만약 1억 원을 청구하면 1심 인지액은 45만 5천 원이지만, 3억 원을 청구하면 125만 5천 원입니다. 항소해서 2심에 가면 1

심의 1.5배, 대법원에 가면 1심의 2배를 내게 되므로 소송이 진행될수록 비용 차이가 커지는 것입니다.

대한민국 법원 전자소송으로 소장을 제출하면 종이소송에 비하여 인지액을 10% 할인해줍니다. 또한 이 사이트에는 소송비용을 자동으로 계산해주는 프로그램도 있어 소송비용이 얼마 정도 드는지 가늠해볼 수 있습니다.

이때 소송 대신 지급명령이나 민사조정을 신청하면 인지액이 1심의 10분의 1로 낮아집니다.

◀ 더 알아보기

그 밖에 소송에 필요한 비용

인지액

인지액은 소송비용 중 '재판비용'의 하나로 사법수수료입니다. 민사소송절차, 행정소송절차 그 밖에 법원에서 진행되는 소송절차 또는 비송사건절차에서 소장이나 신청서 또는 신청 취지를 적은 조서에는 다른 법률에 특별한 규정이 있지 않으면 인지를 붙여야 합니다. 인지액은 소송 목적의 값(소가)을 기준으로 산출되며 재산상 청구의 경우에는 청구금액을 기준으로, 소가를 산정할 수 없는 경우에는 일정 금액으로 산출됩니다.

송달료

송달료는 소송상 필요한 서류를 당사자 또는 상대방에게 송달하는 데 드는 비용을 말합니다. 소장 등을 제출할 때에는 당사자의 수에 따른 계산방식에 의한

송달료를 송달료 수납은행에 낸 다음 은행으로부터 교부받은 송달료 납부서를 소장에 첨부하여야 합니다.

증인여비

증인여비는 증인을 세운 경우 증인에게 지급되는 일당, 여비, 숙박료와 같은 비용을 말합니다(민사소송비용법 제4조). 증인을 신청한 사람이 부담하며 지역에 따라 5만~20만 원을 냅니다.

검증비용

법관, 그 밖에 법원공무원이 법원 밖에서 증거조사를 하려면 필요한 여비, 숙박료의 실비액은 소송비용에 포함됩니다(민사소송비용법 제5조).

감정비용

감정·통역·번역 등에 관한 특별요금은 소송비용에 포함되고(민사소송비용법 제6조), 이러한 특별요금에는 보수로서 감정인 등의 용역 대가 외에 감정·통역·번역 등을 위하여 필요한 비용(자료수집비, 여비 등)이 포함됩니다. 보통 수십만 원이지만 건축소송 관련 감정비용은 수백만 원에서 수천만 원이 드는 경우도 있습니다.

변호사 선임비용

소송을 대리한 변호사에게 당사자가 지급하였거나 지급할 보수는 대법원규칙(변호사 보수의 소송비용 산입에 관한 규칙)이 정하는 범위 안에서 소송비용으로 인정됩니다(민사소송법 제109조 제1항).

소송에 따른 시간과 돈을 아끼고 싶은데
어떻게 해야 하나요?

소송에는 돈과 시간이 많이 들어갑니다. 앞에서 본 것처럼 변호사 선임료가 다가 아니고, 시간도 짧게는 6개월이지만 길게는 3년을 넘기는 것도 있습니다. 당사자로서는 재판 과정에서 계속 신경이 쓰일 테니 이 기간에 스트레스를 받는다는 것도 고려해야 합니다.

그렇기에 승소할 가능성이 크지 않거나, 증거가 확실하지 않거나, 입증하기 어려운 사건 혹은 이겨도 소송에서 얻을 게 적다면 조정을 하는 것도 좋은 방법입니다. 조정신청은 서면 또는 구술로 할 수 있습니다.

민사조정절차는 조정담당판사 또는 법원에 설치된 조정위원회가 분쟁당사자 양쪽의 주장을 듣고 여러 사정을 헤아려 조정안을 제시해 서로 양보와 타협으로 합의에 이르게 함으로써 분쟁을 평화적으로 빠르게 해결하는 제도입니다. 주로 금전관계나 부동산거래로 다툼이 생겼을 때 활용하면 좋습니다.

민사조정절차의 장점은 소송과 같은 엄격한 절차를 거치지 않으므로 자유로운 분위기에서 자기 의견을 충분히 말할 수 있고, 소송에 비하여 신속하게 해결한다는 것입니다. 민사조정을 신청하면 이른 시일 안에 조정기일이 정해지고 대부분 한 번의 기일(출석)로 종료됩니다. 인지액도 소송의 10분의 1 정도로 저렴합니다.

민사조정은 크게 민사조정신청에 의한 조정과 소가 제기된 이후 수소법원*에서 하는 조정으로 나눌 수 있습니다.

👥 용어 설명

- **수소법원**
  어떤 사건에 관한 판결 절차가 과거에 계속되었거나, 현재 계속하고 있거나, 앞으로 계속할 법원. 판결 절차 이외에 증거 보전, 가압류, 가처분 따위에 관한 직무를 행함

민사조정신청에 의한 조정

당사자 사이에 합의가 성립된 경우에는 합의 사항을 조서에 기재하면 확정판결과 동일한 효력을 가지게 됩니다. 법원에서는

이처럼 당사자가 합의했으면 조정이나 화해가 성립되었음을 선언하는데, 이로써 모든 소송절차가 끝나서 항소나 상고를 할 수 없습니다. 이때 양쪽 의견이 달라 조정이 성립되지 않으면 다시 소송으로 넘어갑니다.

소 제기 후 수소법원에서 하는 조정

법원에서 하는 조정은 법원이 당사자의 사정이나 사건의 특성을 고려하여 원만한 합의를 끌어내려고 '조정을 갈음하는 결정'이나 '화해권고결정'을 하는 것입니다. 이에 이의가 있다면 조서정본을 송달받은 날부터 2주일 이내에 이의신청을 하여 다시 소송을 진행할 수 있습니다. 만일 양쪽 모두 이의신청을 하지 않으면 소송은 끝납니다.

한편, 수소법원은 항소심 판결선고 전까지 소송이 계속 중인 사건을 결정으로 조정에 회부할 수 있습니다. 조정절차를 진행해보니 사건의 성질상 조정하는 것이 적당하지 않다고 인정하거나 당사자가 부당한 목적으로 조정신청을 했다고 인정할 때는 조정하지 않는 결정으로 사건을 종결할 수 있으며, 이 결정에는 불복할 수 없습니다.

법정에 출석하지 않고 소송 효과를 내거나
소송하지 않고 돈을 받는 방법은 없나요?

지급명령(독촉절차)을 활용할 수 있습니다. 지급명령은 대여금 등의 채권자가 채무자에게 복잡한 소송을 제기하는 대신 법원에 '돈을 지급하라'는 명령을 구하는 절차입니다. 변론이나 판결 없이 신청만으로도 결정문이 나오는 간이소송절차입니다.

이러한 지급명령절차는 소가訴價와 관계없이 채무자가 주로 대여금, 물품대금, 임대료 등 금전 지급 채무를 변제하지 않는 경우에 이루어집니다.

채권자는 지급명령을 신청할 때 소송의 10분의 1에 해당하는 수수료와 당사자 1인당 6회분의 송달료만 내면 되므로 소송절차에 비하여 법원에 내는 각종 비용이 저렴합니다. 이때 채권자는 통상의 소송절차처럼 법정에 출석할 필요가 없기 때문에 법정에 출석하는 데에 따른 시간과 노력을 절약할 수 있습니다. 이런 지급명령이 확정되면 확정판결과 동일한 효력이 있으므로 소송비용이 부담스러울 때 지급명령 제도를 생각해볼 수 있습니다.

《2021사법연감》에 따르면 2020년 한 해 동안 처리된 전체 지급명령 사건은 114만 3,002건입니다.

지급명령은 지급명령 정본이 채무자에게 송달되어야 하고, 채무자가 지급명령 정본을 송달받고 2주 이내에 이의신청을 하지 않아야 확정됩니다. 채권자는 확정된 지급명령에 따라 채무자 재산에 강제집행을 신청하여 자신의 채권을 받을 수 있으므로 분쟁을 신속하게 해결할 수 있는 절차입니다.

따라서 채무자가 지급명령에 대하여 이의신청을 하면 지급명령은 효력을 상실하여 소송을 해야 하기 때문에 상대인 채무자가 채무를 전부 인정하는 등 이의를 제기하지 않을 때 활용됩니다.

지급명령절차의 흐름

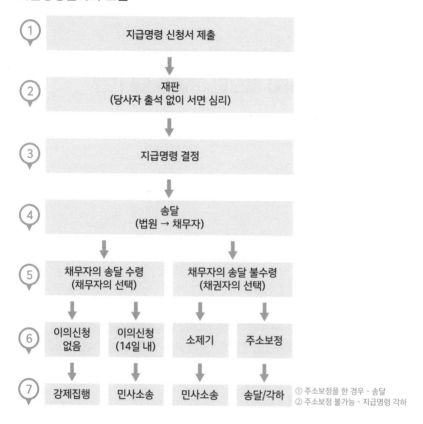

① 주소보정을 한 경우 - 송달
② 주소보정 불가능 - 지급명령 각하

출처: 찾기 쉬운 생활법령정보

⑩

민사소송에서 원고나 피고가 재판에 출석하지 않으면 어떻게 되나요?

변론기일에 원고와 피고가 모두 출석하지 않았다면 재판장은 다시 기일을 정하여 재소환합니다. 피고는 출석하지 않았는데 원고는 출석하여 소장을 진술하였고, 피고가 답변서 기타 준비서면°도 제출하지 않았다면 원고 주장 사실이 전부 진실하다고 인

👤 용어 설명

- **준비서면**
  변론할 때 진술하고자 하는 내용을 기재한 문서로, 변론기일 전 미리 작성하여 법원에 제출

정할 수 있습니다. 피고가 답변서 기타 준비서면을 제출하였을 때는 그 서면을 피고가 진술한 것으로 보아 재판을 진행할 수 있습니다.

반대로 변론기일에 원고는 불출석하고 피고만 출석한 경우에는 피고의 진술 태도 여하에 따라 달라집니다. 만일 피고가 출석은 하였으나 아무런 진술도 하지 않으면 재판장은 다음 기일을 정합니다.

그렇게 새로 지정된 기일에도 원고와 피고가 모두 출석하지 않거나 또다시 피고만 출석하였으나 그때도 피고가 아무런 진술을 하지 않으면 법원은 기일을 정하지 않고 두었다가 1개월 이내에 원고로부터 기일지정신청이 없으면 원고의 소가 취하된 것으로 처리합니다.

한편 원고가 출석하지 않았다 하더라도 피고가 원고의 청구에 대하여 진술한다면, 이때는 원고가 낸 소장의 진술이 있는 것으로 보아 재판을 진행할 수 있습니다.

민사소송이나 형사소송에서 증인이 되면
어떻게 해야 하나요?

증인소환장을 받았다면 법원에 출석해 선서를 한 뒤 증인으로서 증언할 의무가 있습니다. 증인소환장을 받았지만 출석하지 않아도 되는 건 아주 예외적인 경우입니다. 대통령, 국회의장·대법원장, 헌법재판소장 또는 그 직에 있던 자와 같은 국가 주요 기관의 장, 변호사, 공증인, 의사 등의 직무에 관한 비밀사항과 같은 특별한 사유가 있지 않는 한 모든 국민은 법원에 출석하여 선서한 후 증언할 의무가 있습니다.

형사소송의 증인으로 소환장을 받아도 마찬가지입니다. 형사소송법 제146조에는 '법원은 법률에 다른 규정이 없으면 누구든지 증인으로 신문할 수 있다'고 규정하고 있습니다. 법률에서 특별히 증언을 거부할 수 있도록 규정된 아주 예외적인 경우 말고는 증인으로 출석해야 하는 것이 법적 의무입니다.

남의 일에 끼고 싶지 않아서, 일이 바빠서 같은 이유로 재판에 출석하지 않을 수는 없습니다. 증인소환장을 받았다면 법원에 출석하여 사실대로 증언해야 합니다.

이렇게 법에서 인정되지 않는 이유로 증인소환장을 받고도 법원에 가지 않으면 어떻게 될까요?

불출석으로 인한 소송비용을 부담하게 할 수 있고, 500만 원 이하의 과태료를 부과하거나, 정당한 사유 없이 소환에 응하지 않으면 구인°할 수도 있습니다.

구인은 미리 연락해서 법원 앞에서 구인장을 집행하기도 하지만, 필요에 따라선 경찰이 강제구인 절차를 밟기도 합니다. 구인 후 도주할 우려가 없으면 24시간 이내에 석방되지만, 강제력으로 특정 장소로 데려가는 것이기 때문에 아주 곤란한 상황이라 할 수 있습니다.

👥 용어 설명

- **구인**拘引
  피고인 또는 증인을 경찰이 일정한 장소로 데려가는 것으로 구치소가 아닌 지정된 장소에서 조사함

12

이자를 연 12퍼센트나
준다고요?

소송은 몇 년에 걸쳐 진행됩니다. 원고가 정당하게 돈을 받을 권리가 있다고 해도 소송에서 이겨서 돈을 받기까지는 몇 년이 걸릴 수 있기 때문에 누군가는 이를 악용해서 돈을 돌려주지 않으며 소송을 오래 끌다가 소송이 끝나고야 돌려주면서 그동안 금융상 이익을 얻을 수 있습니다. 이런 경우를 방지하고자 제정된 것이 소송 촉진 등에 관한 특례법(약칭 '소송촉진법')입니다.

소송촉진법 제3조 제1항에서는 법원이 금전채무의 전부 또는 일부의 이행을 명하는 판결을 선고할 경우, 그 소장이 채무자에게 송달된 날의 다음 날부터 12%의 법정이율을 채무자가 다 갚는 날까지 부과하고 있습니다. 이는 소송의 지연을 방지하고 분쟁 처리를 촉진하려는 것입니다.

처음 소송촉진법이 제정된 1981년 3월 연 25%로 이율을 정하였다가 2015년 10월부터는 연 15%, 2019년 6월 1일부터 1심 재판 변론이 종결되지 않은 사건에 대해 연 15%에서 연 12%로 낮아진 개정 법정이율이 적용되어 현재는 연 12% 법정이율이 적용되고 있습니다.

그러나 연 12% 법정이율이 현재 시중금리보다 높다 보니 사실관계가 복잡하거나 당사자 간 주장이 날카롭게 대립해서 대법원까지 가면서 2~3년에 걸쳐 재판이 진행된 경우 혹은 법원에서 재판이 지연된 경우에 채무자의 지연손해금이 커져서 지연손해금이 원금에 육박하는 일도 발생하곤 합니다.

따라서 금전소송의 채무자로서는 결국 패소하였을 때 처음 소장 송달일로부터 연 12% 법정이율을 내야 하는 상황이라는 사실을 인지할 필요가 있습니다.

⑬

소송에서 이겨도
돈을 못 받는다고요?

민사소송의 경우, 소송까지 하는 이유는 대부분 결국 돈을 받기 위해서입니다. 그러려면 소송에서 이긴다고 끝이 아니라 보전처분과 강제집행이 필요합니다.

소송은 짧게는 6개월에서 길게는 10년 넘게 이어지기도 합니다. 그런 기나긴 과정을 거쳐 승소를 받아냈는데 그사이에 상대가 재산을 빼돌려 돈을 받을 수 없게 되면 정말 허탈할 것입니다. 이때 소송 확정 전까지 손해를 방지하려는 것이 보전처분입니다.

보전처분은 민사소송을 제기하기 '전'에 상대방이 재산을 빼돌리려는 기색이 보일 때, '미리' 가압류나 가처분을 해두는 것입니다. 예를 들어 채권자가 매매대금 청구소송을 제기하자 채무자가 자기 재산을 다른 사람 명의로 변경하는 등의 행위를 하여 채권자가 승소했는데도 채무자 명의의 재산이 없어 매매대금을 받지 못하는 상황을 방지하려는 제도입니다.

가압류는 금전채권이나 금전으로 환산할 수 있는 채권의 집행을 보전할 목적으로 미리 채무자 재산을 압류하여 채무자가 처분하지 못하도록 하는 제도입니다(민사집행법 제276조 제1항). 가압류를 하지 않았을 경우 소송에서 이겨도 채무자가 미리 재산을 처분했으면 채권자는 소송 이후 강제집행을 할 수 없어 소송의 실제 이익을 잃을 수 있습니다.

가압류의 종류에는 재산의 종류에 따라 부동산 가압류, 채권 가압류, 냉장고나 텔레비전 같은 유체동산 가압류, 자동차 가압류가 있습니다. 가압류를 해둔 다음 나중에 재판에서 이기면 가압류를 본압류로 바꿔 강제집행을 할 수 있습니다.

'가처분'은 금전채권 이외의 청구권에 대한 집행을 보전하고자 또는 다투어지고 있는 권리관계에서 임시 지위를 정하기 위해 법원이 행하는 일시적 명령을 말합니다(《법령용어사례집》, 법제처·한국법제연구원). 판결을 받기 전에 그 소송에서 다퉈지는 목적물을 처분하는 행위인 소유권 이전, 저당권·전세권·임차권 설정 등을 금지하는 처분금지가처분과 부동산에 대한 인도·명도청구권을 보전하고자 채무자가 목적 부동산에 대하여 인적·물적 현상을 변경시키는 행위를 금지하도록 하는 점유이전금지

가처분이 있습니다.

쉽게 말해 가압류는 받을 돈을 확보하려고 상대 재산을 경매 등으로 현금화하여 돈을 돌려받으려는 것으로, 돈을 갚지 않는 상대의 물건을 판결에서 이기면 본인이 가져가려고 미리 조치하는 것입니다. 따라서 가압류 절차는 신속히 하려고 상대방에게 알리지 않고 진행합니다.

가처분은 소유권이전등기청구권 등의 보전을 위한 것으로서 대상 재산의 소유권을 취득하려는 것입니다. 예를 들어 부동산에 대한 처분금지가처분을 하면, 현재의 소유 상태가 법적으로 고정되어 상대는 현 소유자라 해도 그 부동산을 처분할 수 없습니다. 가처분은 등기부등본에 기재됩니다.

이렇게 가압류와 가처분은 모두 상대가 재산을 소송 도중에 빼돌리는 것을 막는 절차입니다.

강제집행은 승소판결을 받은 다음 상대방이 임의이행을 하지 않을 때 상대방 재산을 환가해 변제받는 절차로, 국가가 공권력을 행사하여 사법상 청구권을 강제로 실현하는 것입니다. 판결절차가 권리의 확정에 따라 분쟁을 관념적으로 해결해주는 절차라면 강제집행절차는 판결절차의 후속단계로 분쟁을 사실적·종국적으로 해결해주는 절차라고 할 수 있습니다.

예를 들어 전세금반환소송 등으로 승소판결이 나왔는데도 상대가 전세금을 돌려주지 않는다면, 집을 경매에 넘기는 부동산

경매, 은행통장을 압류하는 채권압류 및 추심, 집주인의 집안 살림을 압류하는 동산압류 등의 강제집행 방법이 있습니다.

가압류는 소장을 접수하기 전 또는 소장을 접수함과 동시에 신청할 수 있습니다. 따라서 상대가 재산을 빼돌릴 것이 걱정된다면 가압류 등이 필요할지 미리 변호사와 상의해서 보전처분을 신청해두면 소송에서 이기고도 돈을 받지 못하는 불상사를 방지할 수 있습니다.

가압류 신청비용 자체는 인지대 1만 원과 송달료 2만~3만 원 정도이지만 법원에서는 가압류를 거는 조건으로 채권자에게 청구금액의 10~40% 정도에 해당하는 금전을 공탁하게 하거나 보증보험증권을 제출하게 할 수 있습니다.

TIP

소송에서 이기면 성공보수를 내야 한다?

성공보수는 의뢰인이 소송에서 이겼을 때 일정한 비율을 변호사에게 보수로 주는 것으로, 변호사와 계약으로 정한다. 당장은 많은 변호사 수임료를 내기 어렵지만 소송에서 이긴다면 받을 돈이 충분한 경우 수임료를 높이기보다는 성공보수 약정을 맺곤 한다. 이러한 성공보수는 민사소송에서는 널리 활용되나 형사소송에서는 성공보수 약정이 무효라는 대법원 판결이 있었다.

변호사 선임계약서에서
꼭 확인해야 할 건 무엇인가요?

법률전문가인 변호사가 내 편일 때는 든든하지만 그런 전문가와 계약서를 쓸 때는 내가 잘 몰라서 손해 보는 것은 아닌지 걱정이 되곤 합니다.

그렇다고 잘 모르면서 이의를 제기했다가 변호사와 불필요한 오해가 생기면 정작 중요한 내 사건을 잘 처리해주지 않으면 어쩌나 하는 걱정에 쉽게 말하기 어려울지도 모릅니다. 잘 알아두면 변호사와 계약할 때 손해 보지 않을 수 있고, 재판까지 기나긴 과정에서 도움이 될 내용을 소개합니다.

수임 범위를 확인한다

예를 들어 형사사건을 선임하면 일반적으로 수사뿐만 아니라 재판도 포함하여 변호사를 선임한다고 생각합니다. 그러나 선임계약서에 재판절차는 별도라 추가계약을 해야 한다는 규정이 있어 급하게 추가계약을 하는 사례가 종종 있습니다. 선임계약서에 도장을 찍기 전에 수임 범위를 확인하면 이러한 불상사를 막을 수 있습니다.

성공보수 약정사항을 살펴본다

사건위임계약서에는 보통 성공보수 약정이 있습니다. 그렇다면 성공보수는 어떻게 계산할까요? 만일 원고 청구가 1억 원인데 이 중 8,000만 원이 인용되면, 원고는 소송대리인인 변호사에게 인용된 금액 중 일부를 지급합니다. 만일 그 비율이 10%라고 한다면 그 기준은 인용된 금액의 10% 또는 실제 얻은 경제적 가액의 10%입니다.

변호사가 처리하여야 할 위임사무가 종료되면 변호사는 의뢰인에 대하여 성공보수를 청구할 수 있게 됩니다. 위임사무를 완료하여야 보수를 청구할 수 있는 것이 원칙이기 때문입니다(민법 제686조 제2항 참조).

변호사 위임계약은 일반적으로 심급별로 체결되고 성공보수금도 심급별로 지급하기로 약정하므로 심급별로 성공보수를 별도로 지급해야 합니다.

그러나 만일 항소심 판결이 상고심에서 파기되고 사건이 환송되는 경우에는 변호사는 환송 후 항소심 사건의 소송사무까지 처리하여야만 비로소 위임사무의 종료에 따른 보수를 청구할 수 있게 된다는 판결이 있습니다. 이 경우 환송 후 사건을 위임사무의 범위에서 제외하기로 약정하였다는 등의 특별한 사정이 없다는 것을 전제로 합니다.

소송에서 지면 상대방 변호사비도
다 내가 내야 하나요?

그렇습니다. 패소하면 승소자의 소송비용도 부담하게 됩니다. 소송비용에는 인지액과 송달료, 감정비용, 증인비용, 변호사 보수도 포함됩니다.

그러면 상대방이 수임료가 수억 원에 달하는 변호사를 써서 재판에서 이기면 진 쪽에서 그 변호사 비용을 다 내야 할까요? 결론부터 말하면 '다' 내는 것은 아닙니다.

상대방이 대형 로펌에 수억 원을 주고 변호사를 선임해서 나에게 이겼다고 해서 내가 그 변호사 비용을 다 물어내야 한다면 아주 억울한 상황이 될 것입니다.

이런 상황을 방지하려고 패소하더라도 상대방의 변호사 비용

전부를 부담하지 않도록 변호사 보수의 소송비용 산입에 관한 규칙의 기준에 따라 산정된 금액만 부담하도록 규정이 마련되어 있습니다.

소 송 물 가 액	소송비용 산입비율
2천만 원까지 부분	10%
2천만 원을 초과하여 5천만 원까지 부분 [200만 원+(소송 목적의 값-2,000만 원)x8/100]	8%
5천만 원을 초과하여 1억 원까지 부분 [440만 원+(소송 목적의 값 5,000만 원)x6/100]	6%
1억 원을 초과하여 1억 5천만 원까지 부분 [740만 원+(소송 목적의 값-1억 원)x4/100]	4%
1억 5천만 원을 초과하여 2억 원까지 부분 [940만 원+(소송 목적의 값-1억 5,000만 원)x2/100]	2%
2억 원을 초과하여 5억 원까지 부분 [1,040만 원+(소송 목적의 값-2억 원)x1/100]	1%
5억 원을 초과하는 부분 [1,340만 원+(소송 목적의 값-5억 원)x0.5/100]	0.5%

출처: 변호사 보수의 소송비용 산입에 관한 규칙 제3조 및 별표

이 표에 따르면 변호사를 선임해서 변호사 비용으로 5,000만 원을 들였다 해도 820만 원이 보수로 청구할 수 있는 최대 금액입니다. 나머지 금액은 변호사를 선임한 사람이 내야 합니다.

16

처음에 변호사 비용을 다 냈는데
항소하면 돈을 또 내야 하나요?

그렇습니다. 변호사 선임계약과 비용은 심급단위로 책정되기 때문입니다. 일반적으로 변호사와 하는 소송대리계약은 심급대리의 원칙을 따릅니다. 별도 특약이 없으면 변호사와 맺은 소송대리계약은 해당 심급까지만 효력이 있다는 원칙입니다.

가장 처음 진행되는 재판인 1심을 진행하려고 변호사와 한 계약은 일반적으로 특약이 없는 한 1심 판결의 소장부본이 송달되면 종료됩니다.

대법원도 "소송대리권은 특별한 의사표시가 없는 한 당해 심급에 한하며, 소송대리권은 당해 심급에서의 심판절차의 종료로써 전형적으로는 종국판결이 소송대리인에게 송달됨으로써 소멸된다"라고 보고 있습니다(대법원 1994. 3. 8 선고 93다52105 판결).

따라서 1심 판결에 불복하고 싶어 항소하려면 변호사와 별도로 계약해야 하고, 당연히 비용도 새로 부담해야 합니다. 이때 1심 변호사를 그대로 유지해도 되지만 변호사를 바꾸는 것도 가능합니다.

17

형사사건으로 고소할 때 반드시
변호사가 필요한가요?

고소를 하면 경찰과 같은 수사기관에서 이후 과정을 진행하므로 고소할 때 변호사가 꼭 있어야 하는 것은 아닙니다. 그러나 현실에서는 고소를 할 때도 고소대리 변호사를 통하는 경우가 많습니다. 그 이유는 무엇일까요?

원칙적으로 수사기관에서 증거를 수집하여 사건이 진행되어야 합니다. 그렇지만 경찰에는 늘 사건이 많아서 어떤 사건의 증거가 명확하지 않고 규모도 작다면 경찰이 사건을 적극적으로 수사할 유인이 다소 적습니다.

따라서 고소대리 변호사를 통하여 증거를 수집하고, 수사기관과 나아가 법원에서 보기 편하게 법률가의 언어로 고소단계부터 준비된 자료를 제공할 수 있습니다. 결과적으로 변호사가 필수는 아니지만, 변호사를 통할 때 고소의 목적을 달성하기가 더 유리합니다.

그러나 변호사를 선임하지 않고도 고소할 수 있으므로 금전적 여유가 없다고 고소를 포기해야 하는 것은 아닙니다.

18

고소에는 맞고소를 해야 할까요?
무고죄 형량이 무겁다고 하던데…

무고죄는 거짓 고소를 막으려는 것으로 고소인이 고소할 때 주의해야 하는 것이자 동시에 고소당한 사람이 취할 방법이기도 합니다.

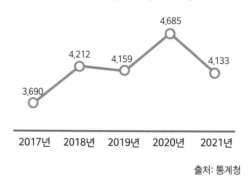

무고죄 발생 건수(단위: 건)

4,685

4,212   4,159   4,133

3,690

2017년 2018년 2019년 2020년 2021년

출처: 통계청

2022년 10월 11일 통계청 '범죄 발생 및 검거 현황'에 따르면 2017년 3,690건이었던 무고죄 발생 건수는 2021년 4,133건으로 증가하였습니다. 이는 2020년 4,685건보다 약간 줄었지만 여전히 많은 숫자입니다.

무고죄로 기소되는 확률이 낮기는 하지만 일단 기소되면 처벌 수위가 높습니다. 무고죄로 기소된 사람 가운데 절반 이상이 징역형(집행유예 포함)을 선고받았다는 점이 중요합니다. 억울한 일이 있다고 해서 무턱대고 고소나 맞고소를 했다가 자칫 징역형에 처해져 전과자가 될 수 있습니다.

19

무고죄가 아니라는 건
어떻게 증명하나요?

무고는 형사사건이기 때문에 입증할 책임은 검사에게 있습니다. 허위의 사실이고, 또 허위의 사실이라는 데 고의가 있었다는 것을 검사가 증명해야 비로소 유죄가 나오는 것입니다. 따라서 허위가 아니라거나 허위인지 몰랐다는 반증이 있다면 무고죄 유죄를 면할 수 있습니다.

앞서 무고죄의 징역형 비율이 높다고 한 것을 기억하시나요? 무고죄의 특징은 '기소'가 된 사건에서 징역형 비율이 높은 것인데, 애초에 그 기소율 자체는 3% 내외로 낮은 편입니다.

이를 좀 더 자세히 살펴보면, 무고사건이 급증해 2019년에는 역대 최초로 1만 건을 넘어섰지만 같은 기간 기소율은 역대 최저

수준까지 떨어졌습니다. 검찰에 따르면 2020년 2월 기준 경찰이 무고죄로 검찰에 송치한 사건 기소율이 해마다 떨어져 3% 내외까지 하락했습니다.

무고를 당했다고 신고해도 재판까지 가는 게 100건 중 3건이 되지 않는다는 뜻인데, 그 이유는 수사기관에서 무고죄를 입증하기가 어렵기 때문입니다. 무고죄가 성립하려면 일부러 고소해서 없는 죄를 만들었다는 것을 뒷받침할 증거가 있어야 합니다. 따라서 내가 고소한 사건에서 무죄가 나왔다고 해서 고소인인 내가 무조건 무고죄가 되는 것은 아닙니다.

그러나 만일 법원까지 갔다면 의도적으로 고소해서 없는 죄를 만들었다는 것을 뒷받침할 증거가 있다는 것을 의미하고, 이때부터는 유죄가 나올 확률이 높으므로 이를 반박할 증거로 대응해야 무고죄 위험에서 벗어날 수 있습니다.

고소를 당했는데 고소장 내용을
미리 알 수 있나요?

고소를 당했다면 먼저 경찰에 언제 출석할지 일자를 정하고 변호인을 선임할지도 정해야겠지만, 내가 대체 무슨 범죄로 고소를 당했는지 아는 것이 중요합니다.

이를 위해 내 고소장에서 내가 고소당한 내용을 아는 방법이 있습니다. 인터넷 사이트 '정보공개'의 청구/소통 → 청구신청 카테고리에서 로그인을 한 다음 청구기관은 사건관할 경찰서, 청구주제는 행정재정, 제목은 고소장 정보공개청구로 해서 고소장을 열람·복사하고 싶다고 신청하면 1~2주 사이에 공개처리가 됩니다.

이렇게 고소장 내용을 보고 사실과 다른 내용이 있는지, 그걸 반박할 증거가 있는지 알고 경찰 수사를 받는다면 도움이 될 것입니다.

더 알아보기

고소와 고발

고소는 범죄로 인한 피해자 또는 그와 특정한 관계에 있는 고소권자가 수사기관(검찰 또는 경찰)에 범죄 사실을 육하원칙에 따라 신고하여 범인을 처벌해 달라고 요구하는 의사표시입니다.

고발은 사건과 관계없는 제3자가 수사기관에 범죄 사실을 신고하여 범인을 처벌할 것을 구하는 의사표시입니다.

즉 고소는 피해를 주장하는 사람 또는 사건과 직접 관계가 있는 자가 해당 사실을 신고하는 것이고, 고발은 사건과 관련이 없는 자가 신고하는 것입니다.

21

검사가 징역형을 구형했는데
그러면 교도소에 가야 하나요?

꼭 그런 것은 아닙니다. 구형과 판결은 다릅니다. 구형은 검사가, 판결은 판사가 합니다. 이때 판사가 판결을 선고하면서 실제로 내린 형을 '선고형'이라 하며 피고인의 실제 형량은 이 선고형으로 정해집니다.

형사소송에서 검사는 민사소송에서 원고에 대응됩니다. 민사소송에서 원고가 자신은 1억 원을 받을 권리가 있다고 소장에 기재한다고 판사가 꼭 1억 원의 판결을 내려주는 게 아니듯, 형사소송에서 검사의 구형은 피고인이 받아야 할 형에 대한 검사 의견이므로, 판사는 이를 참고할 수 있으나 따를 의무는 없습니다.

일반적으로 검사의 구형은 판사의 선고형보다 형량이 세기 때문에 검사가 징역형을 구형했더라도 판사가 더 낮은 형을 줄 수 있어서 꼭 교도소에 가는 것은 아닙니다. 그러나 예외적으로 검찰의 구형보다 판사의 선고형이 높은 경우도 있어서 결과는 판사의 선고가 있어야 확실하게 알 수 있습니다.

22

형사처벌,
정말 판사 마음대로 할 수 있나요?

세상을 떠들썩하게 한 범죄에 생각보다 가벼운 처벌이 내려지면 그 비난의 화살은 판사에게 향하곤 합니다. 정말로 판사가 마음만 먹으면 처벌을 강하게 할 수 있을까요? 판사는 재량을 많이 가지고 있지만 형사처벌을 선고할 때는 고려해야 할 것이 많습니다. 그럼 판사가 선고형을 정하는 방식은 어떻게 될까요?

'형의 양정'은 형법에 규정된 형벌의 종류와 범위 내에서 법관이 구체적인 행위자에 대하여 선고할 형을 정하는 것을 말합니다. 좁게는 구체적인 사건에 적용될 형의 종류와 양을 정하는 것을 의미하고, 넓게는 그 형의 선고와 집행 여부를 결정하는 것을 포함합니다.

양형(형벌 정도를 정하는 일)에서는 판사에게 광범위한 재량이 인정되기는 하지만 판사는 양형기준과 양형조건에 따라야 합니다. 양형은 개인의 신체적 자유, 경제적 자유 등을 직접 제한하고, 나아가 생명까지 박탈하는 중대한 결과를 가져올 수 있기 때문에 법관이 합리적 양형을 도출하는 데 참고하도록 법원조직법 제8편에 따라 설립된 양형위원회*가 설정한 기준이 양형기준입니다(법원조직법 제81조의6 제1항). 일반적으로는 양형기준에 따라 선고형이 내려진다고 볼 수 있습니다.

합리적 사유 없이는 양형기준을 위반할 수 없기 때문에 결국 판사 마음대로 형벌을 정하는 것은 아닙니다. 그래서 아동학대범죄나 성범죄처럼 국민의 법감정에 비하여 처벌 수위가 낮다는 국민적 여론이 있었던 범죄들에 합리적 처벌을 요구하는 국민적 공감대에 부합하는 판결이 나오도록 대법원 양형위원회가 양형기준을 수정해가고 있습니다.

👤💬 용어 설명

• **양형위원회**
대법원 소속 독립위원회로 국민이 신뢰할 수 있는 양형을 실현하도록 법관이 재판에 참고할 구체적이고 객관적인 양형기준을 설정하는 곳

10년 이하의 징역을 정하고 있는 법조문, 실제 선고형은?

법정 드라마나 영화에는 형법의 조문을 이야기하며 '10년 이하의 징역'이라는 표현이 자주 등장합니다. 그렇다면 이에 해당하는 범죄를 저지르면 모두 10년의 징역형을 살게 되는 것일까요? 그렇지는 않습니다.

법조문에 있는 것은 법정형이고, 실제 피고인에게 내려지는 판결의 결과는 선고형이기 때문입니다. 이 선고형은 법정형의 범위에서 내려지나 다음과 같은 세 단계를 거칩니다.

법정형은 형법에서 일정한 범죄에 대하여 형벌의 종류와 정도를 법률 조문에 규정하는 것을 말합니다. 우리가 알고 있는 '10년 이하의 징역', '1,000만 원 이하의 벌금'처럼 법조문에서 정한 형벌로 이를 기초로 하여 각종 가중, 감경이 됩니다.

처단형은 모든 사정의 존부에 따라 구체적 범행에 적합한 형벌의 종류와 정도의 범위가 결정되어 법정형에 어느 정도 수정을 가하게 되는 것을 말합니다. 법정형에서 법률상·재판상 가중 또는 감경을 가하여 조정된 형입니다. 상습범이라면 형이 더 높아지고, 자수하였거나 방조범이라면 더 낮아집니다.

선고형은 처단형의 범위 내에서 법원이 다시 범죄인의 주관 및 객관적 제반사정 등 일체를 참작하여 법관이 선고한 최종형량입니다. 이렇게 판사가 선고형을 정하고 집행유예 여부를 결정할 때 일정한 기준이 있는데, 그것이 양형기준입니다.

23

반성문을 쓰기만 하면
형량이 줄어든다고요?

그럴 수 있습니다. 형법에서는 판사가 형을 정할 때 범죄인의 연령, 성행, 지능과 환경, 피해자와 관계, 범행 동기, 수단과 결과, 범행 후 정황, 형사소송절차에서 피고인의 태도나 행위를 고려할 것을 규율하고 있습니다.

이때 대법원 양형기준에 판사가 형을 감경할 수 있는 요인으로 '진지한 반성'이라는 문구가 들어 있습니다. 언제나는 아니지만 판사로서는 반성문이 있다면 이를 고려하여 판결하기 때문에 피고인으로서는 반성문을 쓰면서 자신이 반성한다는 점을 보여 조금이라도 형을 줄이고자 하는 것입니다. 실제 판결문에도 "다만 피고인이 반성하는 태도를 보이고 있고"라는 표현이 자주 등장합니다.

그렇다면 피해자에게는 어떤 방법이 있을까요? 탄원서*나 진정서*를 제출하여 자신의 억울함을 호소하며 피고인을 엄벌해달라고 할 수 있습니다.

용어 설명

- **탄원서**
  처벌받게 될 사람의 사정을 하소연하여 선처해주기를 요청하는 문서. 탄원인과 피탄원인의 인적 사항과 관계, 탄원 이유 따위의 내용이 포함됨

- **진정서**
  공공기관이나 수사기관 등에 피진정인에게 범죄가 의심되는 부분이 있으니 수사를 하여 죄가 있다면 처벌해달라는 진정을 요구하는 문서

24

거짓말 탐지기에서 거짓이 나오면
유죄가 되나요?

꼭 그런 것은 아닙니다. 우리 법원은 거짓말 탐지기* 검사 결과가 유죄의 증거가 되기 위해서 다음과 같은 조건을 모두 충족해야 한다고 하는데, 이것이 모두 인정되기가 어려워 일반적으로 거짓말 탐지기의 증거능력은 인정되지 않습니다.

> **용어 설명**
>
> • **거짓말 탐지기**
> 정신적인 동요로 생리적 변화를 일으키는 과정에서 심장의 움직임과 혈압, 맥박의 변화 및 전류에 대한 피부 저항도의 변화와 호흡운동의 변화 상태 등을 기록하여 진술의 진위 발견에 응용하는 장치

내 돈을 지켜주는 친절한 생활 속 법률 상식

거짓말 탐지기의 검사 결과에 대하여 사실적 관련성을 가진 증거로서 증거능력을 인정할 수 있으려면, 첫째로 거짓말을 하면 반드시 일정한 심리상태의 변동이 일어나고, 둘째로 그 심리상태의 변동은 반드시 일정한 생리적 반응을 일으키며, 셋째로 그 생리적 반응에 의하여 피검사자의 말이 거짓인지 아닌지가 정확히 판정될 수 있다는 세 가지 전제요건이 충족되어야 할 것이며, 특히 마지막 생리적 반응에 대한 거짓 여부 판정은 거짓말 탐지기가 검사에 동의한 피검사자의 생리적 반응을 정확히 측정할 수 있는 장치이어야 하고, 질문사항의 작성과 검사의 기술 및 방법이 합리적이어야 하며, 검사자가 탐지기의 측정내용을 객관성 있고 정확하게 판독할 능력을 갖춘 경우라야만 그 정확성을 확보할 수 있는 것이므로, 이상과 같은 여러 가지 요건이 충족되지 않는 한 거짓말 탐지기 검사 결과에 대하여 형사소송법상 증거능력을 부여할 수는 없다(대법원 1986. 11. 25. 선고 85도2208 판결 등 참조).

이와 같이 그 결과가 재판의 결과로 꼭 이어지는 것은 아니지만 그럼에도 수사기관에서는 거짓말 탐지기 검사 결과를 참고자료로 활용하는 경우가 있기 때문에 실무상으로는 많이 쓰이고 있습니다.

25

벌금형만 받았는데
전과가 남나요?

그렇습니다. 우리가 통상 말하는 전과는 '범죄경력 자료'인데, 벌금형, 보호감호,* 치료감호,* 보호관찰* 이상의 형은 모두 전과입니다. 따라서 벌금형, 금고, 징역, 자격정지, 자격상실은 모두 범죄경력으로 남아 전과 기록이 되고, 벌금형 미만인 구류, 과료, 몰수는 전과로 남지 않습니다.

이러한 전과 기록은 등재된 사람이 사망한 경우에 폐기할 수 있을 뿐 대상자가 사망하기 전까지는 삭제되지 않습니다.

범죄경력 자료는 개인정보이기 때문에 아무나 조회할 수는 없습니다.

그러나 형의 실효 등에 관한 법률 제6조에 근거해 수사 또는 재판과 보호관찰, 병역의무, 공무원 임용, 형의 집행 및 사회봉사명령 집행, 외국 입국·체류 허가 신청 등 법률에 특별히 규정된 경우에 한해서는 범죄경력 조회가 가능하므로 공무원이 되려고 하거나 수사를 받는 경우에는 전과가 있으면 문제가 될 수 있습니다.

용어 설명

- **보호감호**
  수감된 피고인에게 재범 가능성이 있다고 판단되면 수감 생활을 마친 뒤 별도로 일정 기간 감호소에 머물도록 하는 조치

- **치료감호**
  심신장애 상태, 마약류·알코올이나 그 밖의 약물중독 상태, 정신성적(精神性的) 장애가 있는 상태 등에서 범죄행위를 한 자에게 하는 보호처분

- **보호관찰**
  범죄인을 교도소나 소년원 등 수용시설에 구금하지 않고 가정과 학교, 직장에서 정상 생활을 하면서 보호관찰관의 지도·감독으로 범죄성을 개선하는 제도

3장

창업자와 기업을 위한
법률 상식

01

N잡러 시대에 사업을 하고 싶은데
어떻게 시작해야 하나요?

N잡으로 사업을 해보고 싶다며 무엇부터 해야 하는지 묻는 분들
이 있습니다. 사업을 하려면 사업자등록을 해야 하는데 모든 게
그렇듯이 알면 쉬운 일이지만 처음 하려면 난감할 수밖에 없습
니다. 전에는 세무서에 직접 가서 사업자등록을 해야 했고 사업
자등록증도 곧바로 나오지 않았습니다.

하지만 요즘은 집에서 국세청 홈택스를 이용해 사업자등록을
간편하게 할 수 있습니다. 이때 미리 준비할 것이 있는데 바로
'공인인증서'입니다. 공인인증서는 은행에 가서 발급받고 싶다고
하면 일정한 절차를 거쳐 발급해줍니다. 이렇게 공인인증서를
발급받았다면 홈택스에서 사업자등록을 할 준비가 된 것입니다.

홈택스에 접속해 처음 뜨는 화면에서 '신청/제출' 메뉴를 클릭합니다. 그러면 새 페이지가 뜨는데 여기서 맨 아래 왼쪽 메뉴인 '사업자등록 신청/정정 등'을 누릅니다. 다음 화면 왼쪽 아래의 '사업자등록신청(개인) 바로가기'를 클릭하면 공인인증서로 로그인하라는 페이지가 뜨는데 이때 미리 발급한 공인인증서로 로그인하면 본격적인 사업자등록 절차로 넘어갑니다.

로그인이 완료되고 보안프로그램을 설치하라고 뜨면 보안프로그램을 설치하는데, 진행되는 대로 모두 '예'를 누르면서 넘어가면 됩니다. 그러고 나면 다음과 같은 사업자등록 신청 화면이 뜹니다.

사업자 등록신청(개인) 개인사업자등록을 신청하는 민원입니다.

● **인적사항 입력**

◎ 기본정보 · 도움말

* 상호명(단체명)		사업장전화번호	- -
* 주민등록번호	- ●●●●●●●	자택전화번호	- -
* 성명(대표자)		휴대전화번호	선택 ∨ - -

◎ 사업장(단체) 소재지

* 기본주소	우편번호 [ ] 주소검색
	도로명주소
	지번주소
	건물명 [ ] 동 [ ] 층 [ ] 호 [ ]
	기타주소

◎ 기타정보

| 전자메일주소 | [ ] @ [ ] 직접입력 ∨ | 국세정보수신동의 | ◉ 동의함 ◉ 동의하지않음 |
| 팩스번호 | [ ] - [ ] - [ ] | | |

순서대로 기본정보, 사업장(단체) 소재지, 기타정보를 입력합니다. 진행하면서 궁금한 것은 오른쪽 위에 있는 도움말을 클릭하면 안내를 받을 수 있습니다.

다음으로 업종 선택을 하고 사업장 정보를 입력하면 되며, 맨 아래 선택사항은 말 그대로 선택사항입니다. 이를 모두 기록하고 맨 아래의 '저장 후 다음' 버튼을 클릭하면 신청서가 제출됩니다. 그다음에 준비한 서류를 전송하고 다시 모든 항목을 체크한 뒤 전송하면 사업자등록이 완료됩니다. 제출서류는 '저장 후 다음' 버튼을 누르면 상세하게 안내되므로 그 안내에 따라 챙기면 문제없습니다.

사업을 하려면 개인사업자가 좋을까요,
법인사업자가 좋을까요?

사람이 태어나면 곧바로 출생신고를 하고 대한민국 국민으로서
권리와 의무를 지듯이 기업도 사업자등록을 하거나 법인 등기
를 하고 사업을 시작해야 합니다. 사업자등록은 출생신고와 같
아서 사업자로 첫걸음을 내딛는 과정입니다. 이때 사업을 법인
으로 할지 개인으로 할지 선택해야 하는데, 사업자마다 업종이
다르고 경영환경이나 목표로 하는 기업의 규모도 다릅니다. 그
에 따라 개인사업자˚가 좋은지 법인사업자˚가 좋은지 정답도
달라집니다.

먼저 개인사업자와 법인사업자가 무엇인지 구체적으로 파악
하고 나서 결정해야 하는데, 과세표준에 적용되는 최고세율만

보면 법인사업자가 세금 측면에서 유리한 것처럼 보입니다. 하지만 이는 반은 맞고 반은 틀립니다. 개인은 소득세를 낼 때 소득금액에서 소득공제를 차감한 과세표준의 금액에 따라 최저세율 6%부터 최고세율 38%까지 다양한 세율을 적용받습니다. 반면에 법인은 과세표준이 2억이 안 되면 10% 세율, 2억이 넘어가

개인사업자와 법인사업자의 세율 구간

개인사업자		법인사업자	
과세표준	세율(%)	과세표준	세율(%)
1,200만 원 이하	6	2억 원 이하	10
1,200만 원~4600만 원	15	2억 원~200억 원	20
4,600만 원~8,800만 원	24	200억 원 초과	22
8,800만 원~1억 5천만 원	35		
1억 5천만 원	38		

면 200억까지는 20% 세율, 그 이상에 대해서는 22% 세율을 적용받습니다.

개인과 법인의 세율 구간을 자세히 보면 소득 규모에 따라서 유리한지 불리한지가 달라진다는 것을 알 수 있습니다. 과세표준이 1,200만 원 이하인 영세사업자는 개인으로 사업하면 6% 세율을 적용받는 데 반해, 법인으로 사업하면 10% 세율을 부담해야 합니다. 보통 과세표준은 매출액에서 일정한 필요경비*를 차감한 금액이므로 번 돈만큼 지출도 많으면 충분히 과세표준을 줄일 수 있습니다. 따라서 과세표준이 낮은 사업자는 개인사업자로 하는 것이 유리합니다.

게다가 개인은 사업소득세만 계산해서 내면 과세문제가 더는 발생하지 않습니다. 그러나 법인은 소득이 발생하면 법인세로 세금을 계산하여 내고, 나중에 주주들이 배당으로 돈을 가져가

👤💬 용어 설명

• **필요경비**
소득세법상의 개념으로, 소득세의 과세대상인 소득의 계산상 공제되는 경비(소득세법 제31조). 사업소득의 필요경비는 총수입금액에 대응하는 매출원가, 기타 총수입금액을 얻으려고 직접 소요된 비용과 판매비·일반관리비 등

면 주주들은 배당소득세를 또 내야 합니다. 즉, 회사 내부에 자금을 유보할 때까지는 법인세만 신경 쓰면 되지만 배당으로 현금을 가져갈 때는 15.4%를 원천징수당하면서 추가로 소득세를 내야 합니다. 배당소득에 대해서는 이중과세조정제도가 있지만 결국 소득세의 분리과세 세율(소득세 14%, 지방세 1.4%)만큼은 부담하게 되어 있습니다.

그래도 규모가 큰 사업을 할 때는 법인이 유리한 것이 사실입니다. 규모가 커지면 개인은 38% 세율을 부담할 수밖에 없지만 법인은 22% 세율을 부담하면서 나중에 이익을 분배할 때 배당소득세는 따로 세율 구간을 적용해서 주주들 각자가 알아서 세금을 계산해서 내면 되기 때문입니다.

계약할 때는 어떤 사항을
확인하는 게 좋을까요?

계약은 여러 당사자 간에 상호 의사표시의 합치로 이루어지는 법률행위를 말합니다. 예를 들어, 새로운 사업장을 임차하기 위해 임대차 계약을 체결하는 것, 거래처와 용역을 제공하는 계약을 체결하는 것, 거래처와 물품공급 계약을 체결하는 것이 모두 계약 활동의 하나로 당사자를 구속하는 효력이 있습니다.

개별 계약은 그 현태(현재 상태)와 당사자 사이에 정하고자 하는 내용이 다양하므로 계약서를 어떻게 작성할지가 중요합니다. 일반적으로 표준계약서 서식과 내용은 인터넷 검색만 해도 쉽게 찾을 수 있습니다. 표준계약은 특정한 거래 계약에 따라 계약 내용이나 계약 조건 등을 획일화하고자 표준적 계약을 체결하는 기준을 말합니다. 보통 사용빈도가 높은 계약서를 토대로 조건에 적합한 내용을 작성하며 참조 문서가 되는 것을 표준계약서라고 볼 수 있습니다. 일반적인 계약서와 마찬가지로 계약서에 반드시 필요한 항목이나 기본으로 작성되는 항목 등을 명시해놓은 문서를 말합니다.

그러나 표준계약서는 말 그대로 일반적 기준만 제시했기 때문에 별도로 당사자 간에 필요한 계약 내용을 구체적으로 다시 설정할 필요가 있습니다. 계약을 체결할 때는 먼저 계약의 목적과 내용을 고려해야 합니다. 만약에 회사가 상대방에게 용역을 제공해주고, 상대방이 이에 대한 대가를 돈으로 주는 것이 계약의 목적과 내용이라면 계약서에는 계약 기간, 계약의 구체적 내용, 용역(서비스)을 제공한 후 대가를 얼마나, 어느 시기에 나누어 지급할지를 분명하게 정해야 합니다.

계약서는 계약 체결부터 용역이 제공되어 완료될 때까지 잘 진행되는 경우뿐만 아니라 잘 진행되지 않아 계약이 해지 또는 해제되는 경우도 염두에 두고 써야 합니다. 가령, 한쪽 당사자가 용역을 더는 제공하지 못할 개인적 사정이 있는 경우, 제공하기로 한 용역을 일정한 기간 제공하지 못하게 된 경우, 용역 제공에 따른 대가를 일정 기간 지급하지 않는 경우 계약을 파기할 수 있다는 조항을 넣는 것이 그것입니다.

게다가 계약을 일방당사자가 이행하지 못하는 경우 위약금 조항을 넣는 것도 서로 합의해서 해야 하는 작업입니다. 위약금은 당사자 일방이 약정을 위반한 사실이 있는 경우에 다른 당사자가 약정을 위반한 당사자에게 일정한 돈을 지급하기로 하는 조항입니다. 가령, 한쪽 당사자가 계약을 이행하지 않으면 다른 당사자에게 일정 금액의 위약금을 지급한다는 조항을 계약서에 넣는 것을 고려할 수 있습니다. 위약금은 계약 당사자가 합의해서 정하므로 서로 협의해 그 조항을 넣을지를 결정하면 됩니다.

일반적으로 분쟁까지 가서는 안 되겠지만 분쟁으로 이어질 것에 대비하여 분쟁해결 방법과 관할법원을 정하는 일도 필요합니다. 예를 들면 "본 계약에서 발생하는 분쟁은 ○○지방법원을 관할법원으로 한 소송을 통해 해결한다" 등의 조항을 생각해볼 수 있습니다.

계약 체결은 기본적으로 당사자 간에 계약이행을 완전히 하여 결국 서로 만족할 만한 결론을 얻는 것을 목적으로 하고 내용도 그것을 뒷받침하도록 구성합니다. 다만, 그 계약을 이행하는 과정에서 이행을 강제하는 조항, 이행되지 않았을 경우를 대비한 조항도 반드시 넣어야 합니다. 사람 일은 한 치 앞을 모르기 때문입니다.

공정거래위원회에서는 갑을관계에 있는 사업자 간의 법률관계를 보호하고 공정한 거래를 담보하고자 각종 표준계약서를 공개하고 있으니 참고하면 좋습니다.

친한 친구와 반씩 돈을 내서 학원을 운영하려고 하는데 이때도 계약서를 꼭 써야 할까요?

누구와 동업을 하더라도 동업을 시작하기 전에 계약서를 반드시 작성하는 것이 좋습니다. 동업을 하다 보면 동업자가 제때 출자하지 않거나, 사업에 적자가 발생한 경우 출자금을 원금 그대로 돌려달라고 하거나, 현 상태와 상관없이 출자금을 돌려달라고 하는 등 여러 분쟁이 생길 수 있습니다. 이러한 분쟁을 막는 방법 가운데 하나가 미리 계약서를 꼼꼼하게 작성하는 것입니다.

동업계약서에는 특히 ① 동업자별로 출자하는 방법, 출자금액, 언제까지 출자금을 납입할지, ② 사업이 적자일 경우 또는 흑자일 경우 각각 손익분배를 어떻게 할지, ③ 동업자가 지분을 양도할 때는 어떻게 해야 할지, ④ 사업을 그만두려고 하는 경우

잔여재산 분배는 어떻게 할지 등을 자세히 기재하는 것이 필요합니다.

계약서를 작성한 후에는 동업자 모두 기명날인하고 공증을 받는 것이 안전합니다.

공동사업에서 동업계약서를 쓸 때
주의할 점이 있나요?

사업은 혼자서 할 수도, 여러 사람과 같이할 수도 있습니다. 사업자는 일반적으로 사업을 단독명의로 하지만 공동명의로 하는 공동사업자 형태도 많습니다. 공동사업자가 자금을 출자하기도 하지만 각자 역할을 분담하는 것이 공동사업의 핵심입니다.

일반적으로 동업하게 되어 소득을 분산하면 소득공제에 따른 세금 혜택을 받을 수 있습니다. 실제로 가족회사는 절세효과를 누리고자 공동대표로 지분을 나누어 설정하는 경우도 많고, 누진세율 구조를 가지는 소득세법상 공동대표가 지분별로 나누어 소득을 귀속하는 것이 유리한 것도 사실입니다.

동업하려면 함께 일할 사람과 계약하는 것은 필수입니다. 동업계약서는 구체적으로 여러 사람의 금전이나 재산 또는 노무 등을 출자하여 공동사업을 경영하기로 약정함에 따른 권리·의무 사항을 기재해놓은 계약서입니다. 동업하는 이유는 세금 절감 목적도 있겠지만 노하우를 서로 공유하고 노동력을 분산하여 공동의 목표인 사업을 계속 영위하려는 것입니다. 다만, 이 과정에서 동업자 간에 분쟁이 일어날 수 있으므로 분쟁을 예방하고 사후관리를 하기 위해 동업계약서를 작성해야 합니다.

동업계약서는 출자에 관한 사항, 역할분담과 의사결정에 관한 사항, 이익 분배와 손실 부담에 관한 사항, 경업금지°와 비밀유지의무에 관한 사항, 동업자 지위의 양도와 상속에 관한 사항, 동업관계 해지와 잔여재산분배 등 정산에 관한 사항, 위약금에 관한 사항 등으로 구성됩니다. 특히 영업비밀에 대한 비밀유지의무가 있는 계약을 위반하면 처벌을 받거나 손해배상을 해야 합니다.

👤💬 용어 설명

- **경업금지**
  고용계약을 할 때 경쟁업종에서 일하는 것을 금지한다는 조항. 고급 관리직이나 기술직, 회사의 영업비밀을 알고 있는 직원이 경쟁업체에 취업하거나 동일 업종의 회사를 창업하는 것 금지

06

상가를 임대할 때 알아야 할 것이 무엇인가요?

상가임대차보호법을 알아야 내 소중한 영업장을 지킬 수 있습니다. 상가임대차보호법은 영세 상인들이 생업에 안정적으로 종사할 수 있게 과도한 임대료 인상을 막고 세입자의 권리를 강화하려는 법으로 지역에 따라 차이가 있습니다. 상가임대차보호법 내용을 요약하면 다음과 같습니다.

- 임대차 존속기간 보장: 최대 10년 동안 계약갱신요구권 보장
- 대항력의 발생: 임차인이 건물을 인도받고 사업자등록을 신청하면 이후 건물의 소유주가 바뀌더라도 새로운 소유주에게 임차권을 주장할 수 있음

- 우선변제권 발생: 대항력을 취득하고 확정일자*를 받은 경우 전세권등기와 같은 효력을 인정하여 경매, 공매 시 후순위 채권자보다 우선변제를 받을 수 있음
- 임대료 인상 상한선 설정: 연 5% 범위에서 인상 가능

👤💬 용어 설명

- **확정일자**
  증서에 대하여 그 작성한 일자에 관한 안전한 증거가 될 수 있는 것으로 법률상 인정되고 당사자가 나중에 변경하는 것이 불가능한 일자

이러한 상가임대차보호법이 모든 상가에 적용되는 것은 아닙니다. 상가건물임대차보호법 시행령 제2조의 규정에 따라 대통령령으로 정하는 보증금액으로 임차된 상가에만 적용됩니다. 최초 상가임대차계약을 한 날을 기준으로 당시의 시행령이 적용되는데 과거 수차례 시행령이 개정되어 금액에 변동이 있었기 때문에 법 적용 시점을 잘 확인해야 합니다. 상가임대차보호법상 보증금은 다음과 같은 적용을 받습니다.

- 서울특별시: 9억 원 이하
- 과밀억제권역, 부산지역: 6억 9천만 원 이하

- 광역시(수도권정비계획법에 따른 과밀억제권역에 포함된 지역과 군지역, 부산광역시 제외), 세종특별자치시, 파주시, 화성시, 안산시, 용인시, 김포시, 광주시: 5억 4천만 원 이하
- 그 밖의 지역: 3억 7천만 원 이하

여기서 유의해야 할 사항은 현재 상가를 임차하여 사업을 하지만 사업자등록을 하지 않은 임차인은 이 법의 보호를 받을 수 없다는 점이다. 따라서 반드시 사업자등록신청을 해야 하며 관할 세무서에서 사업자등록신청을 하면서 확정일자도 받아두는 것이 좋습니다.

07

상가를 임차할 때 이전 임차인에게 권리금을 주었는데, 권리금도 임대인이 보호해주나요?

상가임대차보호법은 상가임차권과 권리금 보호의 일환으로 임차인의 대항력 인정 범위 확대, 권리금 회수 기회 보호 강화, 권리금 보호 인프라 구축 등의 내용을 포함하고 있습니다. 이때 권리금 산정 방식은 국토교통부에서 고시합니다. 만약 권리금 액수를 놓고 갈등이 생길 때는 각 시도에 설치된 분쟁조정위원회에서 고시에 바탕을 두고 결정합니다.

임대인에게는 권리금 회수 보호의무가 있는데 이는 다음과 같습니다.

임대차 관계가 종료될 때 임차인이 권리금을 회수할 기회를 보호하도록 임대인에게 의무를 부과하고 있습니다. 그 의무를 위반하면 임대인은 손해를 배상해야 합니다. 그러나 임대인의 보호의무는 임차인의 권리금 회수에 대한 적극적 보호의무가 아니라 방해 금지를 의미하는 소극적 협력의무입니다.

따라서 임차인이 새로운 임차인과 협상해 좀 더 안정적으로 권리금을 회수할 기회를 보장할 뿐 기존에 지불한 권리금 자체를 임대인에게 주장할 수는 없습니다. 다만, 대법원은 계약갱신

요구권 행사기간이 지난 경우에도 임대인이 임차인에게 권리금 회수 기회를 보호할 의무가 있다고 판단하고 있습니다.

임차인이 월세를 세 번 이상 연체하거나 부정한 방법으로 임차하는 등 의무를 현저하게 위반하여 계약갱신이 거절되었거나, 임대인이 보상을 제공하고 계약을 갱신하지 않은 경우 임차인이 임대인의 동의 없이 전대했거나 건물의 파손, 멸실(가치를 잃을 정도로 심하게 파손), 재건축, 안전 등의 이유로 계약을 갱신하지 않으면 임대인의 보호의무가 면제됩니다.

상가권리금을 보호받는 것이 이처럼 쉽지는 않습니다. 임차인은 임대인에게 권리금의 반환을 요구할 권리가 없으니 새로운 임차인에게 받을 수밖에 없습니다. 상가임대차보호법도 임대인은 임차인의 권리금 회수를 방해해서는 안 된다고 규정되어 있지 권리금을 보장해주어야 한다고 하지는 않았기 때문입니다.

물론, 임대인 사정으로 임대차계약이 중도에 해지되어 원래 보장된 기간에 이용할 수 없게 되는 등 특별한 사정이 있으면 대법원 판례에 따라 임대인이 임차인에게 권리금을 반환할 의무가 인정되기도 합니다.

나에게 맞는 법인형태가
따로 있을까요?

회사는 영리를 목적으로 계속 반복적으로 영업활동을 하는 사단법인입니다. 상법상 회사는 영리성, 사단성, 법인성을 가진 단체인데, 이 세 가지 요건을 모두 갖추어야 회계 처리의 중심인 회사라고 할 수 있습니다. 영리성은 회사의 목적이 자선사업이 아니라 돈을 버는 것에 있다는 의미입니다. 따라서 비영리조직이나 학회 등은 회사라고 할 수 없습니다. 회사가 되려면 기본적으로 영리사업이 주된 목적이며 이를 계속 추구해야 합니다.

사단성은 둘 이상의 개인이 모여 특정한 목적을 위해 활동하려고 설립한 단체라는 의미입니다. 사단은 재단과 달리 사람의 단체이기 때문에 인적인 의미가 강합니다.

법인성은 법적으로 국가가 인격을 부여했다는 의미입니다. 인격이라는 것은 법적으로 권리·의무의 주체로 인정했다는 것입니다. 경제활동을 하려면 법률적 책임과 권리가 귀속되어야 하고 경제적으로 손익이 귀속되는 실체여야 하는데 이를 인정하려면 법인성이라는 개념이 필요합니다.

이러한 요소로 회사는 타인과 거래하면서 취득하는 각종 권리를 '자산'으로 재무상태표에 인식(기록)하게 되고 갚아야 할 의무를 '부채'로 인식하게 됩니다. 또 타인과 거래하는 과정에서 발생하는 경제적 소득을 수익으로 인식하고 발생하는 경제적 지출을 비용으로 인식할 수 있습니다.

상법상 회사의 종류는 합명회사, 합자회사, 유한책임회사, 주식회사, 유한회사가 있습니다. 합명회사는 2인 이상의 무한책임사원으로 구성되며, 무한책임사원은 회사에 대하여 출자의무를 지고 회사채권자에 대하여 직접 연대하여 무한책임을 집니다. 합자회사는 1명 이상의 무한책임사원과 1명 이상의 유한책임사원으로 구성되며, 무한책임사원은 회사채권자에 대하여 직접 연대하여 무한책임을 집니다.

유한책임회사는 공동기업이나 회사의 형태를 취하면서 내부적으로는 사적 자치가 폭넓게 인정되는 조합의 성격을 가지고, 외부적으로는 사원의 유한책임이 확보되는 기업형태에 대한 수요에 따라 도입된 회사입니다. 이는 벤처기업 등 신생기업에 적합한 형태입니다.

주식회사는 1명 이상의 주주로 구성되며 주주는 회사채권자에게 간접책임만 부담하고 자신이 가진 주식의 인수가액 한도 내에서만 유한책임을 집니다. 주주라는 다수의 이해관계인이 있으므로 의사결정은 주주총회에서 하고 업무집행기관으로 이사회와 대표이사를 둡니다. 이때 이사의 업무집행을 감사하고 회사의 업무와 재산상태를 조사하려고 감사를 둡니다. 대부분 우리나라 회사형태는 주식회사 형태를 취하고 있습니다. 유한회사는 1명 이상의 사원으로 구성되며 유한회사의 사원은 회사채권자에게 간접책임만 부담하고 자신이 출자한 금액 한도 내에서만 유한책임을 집니다.

📑 더 알아보기

회사 설립할 때 정관이 꼭 있어야 할까

회사 설립에서 기업구조를 잡고 절세하는 것은 정관에서 시작합니다. 정관이 제대로 설계되지 않으면 개정된 상법 규정이 반영되지 않는 것은 물론이고, 효율적인 세무계획을 수행할 수 없습니다. 따라서 회사 소득 유형 변경과 관련한 세무계획을 수행하는 경우 정관을 올바르게 설계하는 것이 필요합니다. 정관설계의 단계는 정관의 조문별 검토→정관의 확정(의사결정)→확정된 정관의 승인 순으로 수행합니다.

근로계약서와 연봉계약서는
어떻게 다른가요?

근로기준법은 사업주가 근로자와 고용계약을 체결하는 경우 근로시간, 휴일, 휴가, 임금 등의 내용을 기재한 근로계약서를 작성해야 하고, 체결된 계약서를 근로자에게 교부할 사용자의 의무를 규정하고 있습니다(제17조). 이는 사업자의 근로조건 명시의무로, 근로기준법은 명시의무 사항을 위반한 사업주에 대해 500만 원 이하의 벌금을 부과하도록 처벌규정을 두고 있으니 주의해야 합니다(제114조).

그렇다면 근로계약과 연봉계약은 어떤 차이가 있을까요? 연봉계약은 연봉제를 운영하는 회사에서 통상 1년을 연봉계약기간으로 정하고 지급하는 연봉액을 내용으로 하는 1년 단위의 단기계약입니다. 근로계약은 근로자가 근로를 제공하고 사용자는 이에 대해 임금을 지급하는 것을 목적으로 체결하는 계약을 말합니다. 근로계약은 채용 시점에 체결하는데 이는 채용과 동시에 근로계약기간이 시작되기 때문입니다. 근로계약이 포괄적 개념이라면 그 안에서 임금을 지급하는 방식 부분이 연봉계약으로 구현됩니다.

연봉계약서는 1년 단위로 체결하고 갱신되므로 연봉계약에 포함된 조건과 상세내용은 해당 연도에만 적용됩니다. 하지만 근로계약서는 1년이 지나지 않아도 근로계약 기간이 만료되었거나 근로계약 조건과 상세내용이 변경되면 다시 작성해야 합니다. 즉, 근로계약서는 필수작성 요소이고 연봉계약서는 연봉제를 실시하는 회사에서만 작성합니다.

그렇다면 연봉계약서를 작성하거나 갱신할 때 주의해야 할 점은 무엇일까요? 먼저 최저임금을 반영하는 것이 선행되어야 합니다. 최저임금은 해마다 다르고 법으로 강제되기 때문입니다. 만약 연봉의 내용이 바뀌더라도 근로계약서는 연봉계약서와 별개라서 연봉계약서만 개정하면 됩니다. 또한 전자연봉계약서도 서면계약서와 동일한 법률적 효력이 있습니다.

⑩

필요경비를 잘못 계산해 더 낸 세금
돌려받을 수 있나요?

연말정산을 하는 근로소득자가 세무상 요건을 잘 몰라서 공제 혜택을 못 받고 넘어가는 경우가 많은데, 복잡한 필요경비를 챙겨야 하는 사업자는 더 헷갈립니다. 필요경비로 인정받지 못하는 줄 알고 공제받지 못해 세금을 왕창 냈다가 뒤늦게 알게 된 경우 어떻게 해야 할까요? 이러한 납세자를 위한 매우 좋은 제도가 바로 '경정청구'입니다.

세법이 생각보다 복잡하고 경우마다 적용되는 방식이 달라서 세제 혜택을 볼 수 있는 항목이 있어도 그냥 넘어갈 때가 많습니다. 이럴 때 경정청구를 이용하면 세액을 다시 바로잡고 잘못하여 더 낸 세금을 돌려받을 수 있습니다.

그럼 경정청구가 신고기한 내에 세금을 너무 많이 내서 돌려받는 것이라면 이것이 무제한 인정될까요? 안타깝게도 경정청구는 법정 신고기한 경과 후 5년 이내 것까지만 청구하여 환급받을 수 있습니다. 옛날에는 경정청구를 하려면 세무서에 직접 가서 수기로 경정청구 서류 다섯 장을 직접 작성해야 했습니다. 하지만 최근에는 홈택스로 집에서 편리하게 경정청구를 진행할 수 있습니다. 홈택스에서 '경정청구'하는 방법은 이렇습니다.

홈택스 메뉴 중 '신고/납부'를 클릭한 다음 오른쪽의 '종합소득세'를 클릭하면 종합소득세 신고 페이지로 이동합니다. 여기서 사업소득자는 일반신고서의 경정청구작성, 근로소득자는 근로소득자 신고서의 경정청구작성을 클릭하면 해당 페이지로 넘어갑니다. 그럼 해당 페이지에서 경정청구를 할 귀속연도를 선택하면 됩니다. 만약 2022년에 경정청구를 한다고 하면 2017년부터 2021년까지 조회할 수 있습니다. 귀속연도를 선택해서 조회 버튼을 누르면 자동으로 정보가 뜨는데 이를 확인하고 '다음 이동'을 클릭합니다.

그다음 기본정보 입력 페이지가 뜨면 입력한 뒤 주민등록번호 옆의 '조회'를 클릭하고 기본사항을 입력한 후 '저장 후 다음 이동'을 누릅니다.

● **근로소득신고서 수정입력 [   ]**

- 아래 내용을 확인하고 수정사항이 있는 경우 수정내용 입력 후 '신고서 작성완료'를 클릭하세요.
- 근로소득자의 경정청구를 위해 회사가 제출한 근로소득 지급명세서를 종합소득세 신고서식으로 변경하여야 하므로 근로소득 지급명세서 일부 항목의 세부 내용이 반영되지 않을 수 있으니 유의하시기 바랍니다.

◎ **근무처별 소득명세**

※ 급여를 수정해야 할 경우 "수정하기"를 클릭하여 근무처별 급여 등 소득을 작성하고 아래 (21)총급여 항목에 급여가 수정되었는지 확인하시기 바랍니다.

근무처별 소득명세 도움말 | 수정하기

NO	근무처명	사업자등록번호	급여	상여	인정상여 등	계
1				0	0	

21. 총급여	22. 근로소득공제	;	23. 근로소득금액

◎ **인적공제 명세**

※ 부양가족 등 인적공제 사항을 추가 또는 삭제를 해야 할 경우 "입력/수정하기"를 클릭하시기 바랍니다.

인적공제 명세 도움말 | **입력/수정하기** 클릭!

24. 본인			30. 6세이하	0 명	0
25. 배우자		0	30-1. 출산·입양자	0 명	0
26. 부양가족	0 명	0			
27. 경로우대	0 명	0	31. 다자녀추가공제	0 명	0
28. 장애인	0 명	0			
29. 부녀자		0	소계		

다음 페이지는 근로소득신고서 수정입력(연도) 페이지입니다. 이는 회사의 지급명세서를 통해 자동으로 나타나기 때문에 소득공제와 세액공제 항목의 수정사항을 직접 수정해야 합니다. '입력/수정하기'를 클릭하여 수정을 진행해 모두 수정되면 아래의 경정청구 사유를 선택한 뒤 국세환급금 계좌를 입력하고 '신고서 작성완료'를 클릭하면 결과화면이 뜹니다. 마지막으로 '신고서 제출하기'를 클릭하면 경정청구서 제출 내역 확인 페이지에서 경정청구 신고 내역을 확인할 수 있습니다. 이렇게 5개 연도 중

경정청구가 필요한 연도의 세액을 경정하여 환급받을 수 있습니다. 설명을 보면 어렵게 느껴질 수도 있으나 하나하나 절차대로 따라가면 그리 어렵지 않게 처리할 수 있습니다.

홈택스를 이용하려면 기본적으로 공인인증서가 필요합니다. 또 인터넷으로 절차를 밟기가 부담스러운 것이 사실입니다. 만약 이런 절차가 익숙하지 않다면 가까운 세무서를 인터넷으로 검색하여 '소득세과'를 바꿔달라고 해서 소득세과 담당자에게 경정청구를 하고 싶은데 어떻게 하면 좋을지 물어보면 필요한 서류와 절차를 상세하게 안내해줄 것입니다. 이 안내에 따라 세무서에 가서 경정청구를 해도 됩니다.

더 알아보기

세금 문제, 상담받으세요

세금 문제가 발생했을 때는 사전에 전문가와 상담하고 세무처리를 하는 것이 안전합니다. 그러면 이후에 문제가 생길 가능성도 적고, 현실적인 절세도 가능합니다. 세금 문제에 대한 전문적이고 구체적인 상담은 조세전문가인 회계사, 세무사, 변호사에게 문의하는 것이 좋습니다. 그리고 세금 문제에 대한 일반적 상담은 **국세청**이나 정부에서 운영하는 기관을 이용하면 무료로 상담을 받을 수 있습니다.

먼저 **국세청**에서는 세무상담을 원하는 고객들을 위해 국세청 홈택스에서 무료 세무상담을 제공합니다. 전화상담을 하려면 국번 없이 126에 문의하면 되지만 인터넷 상담을 하려면 국세청 국세상담센터 홈페이지에서 기존의 상담 사례를 검색하거나 궁금한 사항을 문의하면 됩니다.

그리고 지방세는 해당 시, 군, 구청의 세무과에 문의하는 것이 가장 확실합니다. 취득세, 재산세 등 지방세는 국세와 달리 세무서가 아니라 시, 군, 구청 세무과나 해당 기관 홈페이지에서 상담받을 수 있습니다. 위택스를 이용해도 도움이 많이 됩니다.

조세심판원은 국세청에서 해결하지 못하는 억울한 세금에 조세불복을 하는 곳으로 조세불복절차와 각종 양식을 제공하니 조세불복신청에 앞서 방문하면 도움이 됩니다.

한국납세자연맹은 조세 전문가와 시민운동가 등을 중심으로 납세자의 권리 찾기 운동에 앞장서는 단체입니다. 사회적으로 이해관계자가 많은 세무 쟁점에 집단으로 대응하는 데 유용합니다. 이밖에 세무전문가들이 모여 있는 곳으로는 **한국공인회계사회**와 **한국세무사회**가 있습니다.

한편, 법령 해석에 대하여 궁금한 경우에는 **세법해석사전답변제도**를 이용하는 것이 좋습니다. 이는 사업자가 특정한 거래의 과세 유무 등 세무 관련 의문 사항을 실명으로 구체적 사실관계를 표시해 사전에 문의하면, 구체적인 답변을 제공해주는 제도입니다. 질문할 내용을 우편으로 송부하거나 직접 방문하여 접수할 수 있습니다.

납세의무자가 상속 증여세 및 종합부동산세 이외의 세금에 대해 이의신청이나 심사청구, 심판청구를 할 때 경제적인 사정으로 대리인 선임이 어려우면 국세청이 국선대리인을 선정해줍니다. 다만, 청구인의 종합소득금액이 5,000만 원 이하, 재산보유액은 5억 원 이하여야 하며, 청구세액이 3,000만 원 이하인 경우에 한합니다.

또한 국세청은 **납세자보호담당관제도**를 운영해 세금과 관련된 납세자 권익을 보호하고 있습니다. 이는 세금의 부과, 징수, 조사과정에서 일어날 수 있는 납세자의 억울함을 해소하기 위하여 시행되며 전국 모든 세무서에 전담 인력이 있습니다. 누구나 국세상담센터(126) 또는 가까운 세무서에 전화하여 납세자보호담당관과 상담할 수 있습니다.

11

사업자가 세무신고를 할 때
주의할 점이 있나요?

사업자의 경우 1년에 세 가지 세무신고를 하게 됩니다. 1년에 한 번(간이과세) 또는 두 번 부가가치세 신고가 그것이고, 매월 또는 6개월에 한 번씩 원천징수와 연말정산이 있으며, 마지막으로 결산과 종합소득세신고가 있습니다. 한편, 면세사업자는 매년 다음 해 2월 10일까지 한 차례 사업장현황신고˚를 하게 됩니다.

사업소득신고에서 각 단계의 비중은 부가가치세가 가장 크다고 할 수 있습니다. 부가가치세 신고가 절반 이상을 차지하고 원천징수 신고와 종합소득세 신고가 절반이 되지 않습니다. 그만큼 부가가치세 신고의 비중이 크다고 볼 수 있습니다.

부가가치세 신고는 사업소득과 관련된 매출액과 매입액을 세

- **사업장현황신고**
  사업자가 해당 사업장의 현황(인적 사항, 수입금액 등)을 해당 과세 기간의 다음 연도 2월 10일까지 사업장 소재지 관할 세무서장에게 신고하는 것

금계산서 또는 신용카드매출전표 등 법정 증빙자료를 바탕으로 정산하여 부가가치세액을 납부 또는 환급을 받는 절차입니다. 부가가치세 신고는 동일한 하나의 거래에 대해 사업자 본인과 거래상대방이 동시에 세무신고를 하기 때문에 차이가 크면 한쪽 당사자의 신고오류로 잡혀 추가 세금과 가산세 부담으로 이어질 가능성이 큽니다. 거래에 참여한 두 사업자가 각각 부가가치세 신고를 하지만 국세청 전산망은 이를 하나의 거래로 상호비교하게 되는데, 이때 그 거래의 발생 시기, 거래의 실재성, 거래금액의 완전성을 검토하여 누락 등이 발견되면 관할세무서가 불부합 자료로 간주하여 해당 거래처에 소명을 요구하게 됩니다.

일반적으로 세무서에서 세금계산서 등 소명을 요구받으면 단순한 누락 등에 따른 것도 있지만, 거래상대방이 신고하지 않은 경우 또는 자료상° 혐의자나 폐업자와 거래, 면세사업자나 간이과세사업자와 거래인 경우가 많습니다.

또한, ① 고정거래처가 아닌 거래처와 갑자기 고액거래를 한 경우, ② 사업자 간에 취급품목이 아닌 내용의 세금계산서를 서로 주고받은 경우, ③ 원거리사업자와 거래한 경우, ④ 세금계산서 자료만 사고파는 자료상과 거래한 경우, ⑤ 분기 말 또는 연말에 하나의 거래처로부터 대량매입한 경우에는 세무서에서 소명요구를 받을 가능성이 높습니다.

이러한 자료 소명요구에 대응하는 방법은 거래증빙뿐입니다. 실제 거래를 입증하는 가장 효과적인 방법은 해당 거래에 대해 서로의 계좌로 거래대금을 주고받았고, 거래대금이 정상적으로 사업과 관련해 지출되었음을 입증하는 것입니다. 현금거래를 한 경우에는 움직일 수 없는 증빙이 추가로 제시되지 않는 한, 세무서에서 현금거래를 인정하지 않기 때문에 유의해야 합니다. 이 경우 방증자료를 제시해야 하는데, 상대방 거래처로부터 받은 확인서, 물품과 용역을 실제로 제공받았음을 증명할 수 있는 거래명세서, 물품의 사용 내역, 제품 생산 내역 또는 제3자가 개입

되어 있으면 그 자료 등을 제출하면 됩니다.

가공거래의 경우 세금이 많이 추징될 수 있어 주의해야 합니다. 즉, 앞의 소명요구를 받았는데도 입증하지 못하면 가공거래로 보아 공제받은 부가가치세를 추징당할 뿐만 아니라 소득세와 법인세도 동시에 추징될 수 있습니다. 특히 법인의 경우 가공경비 계상에 따른 상여처분으로 소득세를 추징당하는데, 4~5년 정도 지난 거래는 거래금액보다 더 큰 금액을 세금으로 추징당하게 됩니다. 게다가 조세범으로 고발될 수도 있어 상당히 주의해야 합니다.

12

개인사업자에서 법인사업자로 갈아타면 어떤 이점이 있나요?

개인사업을 하다가 사업 규모와 함께 세금 부담이 커지기 시작하면 법인전환을 고민하게 됩니다. 문제는 언제 어떻게 법인으로 전환하느냐는 것입니다. 법인전환의 목적에 따라 적절한 시기와 방법이 달라질 수 있으나 절세 측면에서, 세무서의 개별관리 대상 여부를 고려해서 외부로부터 자금조달 측면에 문제가될 때 법인전환을 하는 것이 좋습니다.

규모가 커지면 법인전환이 당연히 유리해서 정상적인 순이익이 어느 정도 규모 이상 되면 법인전환을 고려하는 것이 현명합니다. 개인사업자와 법인사업자는 세금 구조에서 차이가 있습니다. 매출액이 아무리 커도 이익이 작으면 법인전환이 큰 의미가 없으니 순이익을 기준으로 법인전환 여부를 결정하는 것입니다.

개인사업자가 부담하게 되는 소득과 관련된 세금은 사업소득세와 이에 10% 부가되는 지방소득세입니다. 반면, 법인사업자가 부담하는 세금은 법인세와 이에 대한 지방소득세, 대표이사 및 임직원의 근로소득세, 배당 시 주주의 배당소득세와 그에 부가되는 지방소득세가 있습니다. 따라서 개인사업자와 법인사업자의 세금 부담을 비교하려면 이들 양자를 비교해야 하는데 이는 앞에서 살펴보았습니다.

이론적으로는 개인사업자의 과세표준이 8,800만 원이 넘어가면 법인사업자로 전환하여 적용세율을 낮추는 것이 유리하다고 보면 간단합니다.

⑬ 규모가 같다면 개인사업자가 불리하다는데 사실인가요?

동일한 매출 규모에서 보면 개인사업자가 법인사업자보다 관할 세무서의 개별관리 대상으로 분류되어 집중 관리될 가능성이 큽니다.

일반적으로 개인사업자는 세무서의 소득세과, 법인사업자는 법인세과에서 담당하여 담당 부서별로 외형의 크기나 신고성실도 등에 따라 관리 대상을 선정하기 때문입니다.

보통 법인은 매출 규모가 비교적 큰 집단인 데 반해, 개인사업자는 상대적으로 매출 규모가 작은 집단이므로 법인과 비교해서 하위에 속하는 외형이라도 개인사업자들끼리 비교해서는 상위 그룹에 속할 수 있습니다.

개별관리 대상이 되면 부가가치세와 소득세 신고 때 세무서가 더 엄격하게 관리하므로 여러모로 부담이 될 수 있습니다. 따라서 외형이 20억 원 이상으로 커지는 경우 법인전환을 고려해 보는 것이 좋습니다.

⑭

법인전환을 고려할 때
특별히 주의할 점이 있나요?

개인사업자로서 매출액이 기준금액 이상이면 세무검증을 받도록 하고 있고 대상 개인사업자가 법인전환을 한 후에도 3년간은 성실신고확인의무가 있습니다.

회계장부와 증명서류에 따라 계산한 사업소득금액의 적정성을 확인하고, 작성한 성실신고확인서를 6월 말일(법인전환기업은 4월 말일)까지 세무서에 제출해야 합니다. 이 경우에는 개인사업자라고 하더라도 법인보다 더 엄격한 세무관리를 받으므로 매출액이 기준금액을 넘을 때는 법인전환을 하는 것이 더 나을 수 있습니다.

하지만 법인전환을 할 때 주의해야 할 사항도 있습니다. 첫

업종에 따른 법인전환 기준금액

기준금액	업종
5억 원	부동산 임대업, 전문 과학 및 기술 서비스업, 사업시설관리 및 사업지원 서비스업, 교육 서비스업, 보건업 및 사회복지 서비스업, 예술 스포츠 및 여가 관련 서비스업, 협회 및 단체, 수리 및 기타 개인 서비스업, 가구 내 고용 활동
7.5억 원	제조업, 숙박 및 음식점업, 전기 가스 증기 및 수도사업, 하수 폐기물처리 원료재생 및 환경복원업, 건설업(비주거용 건물 건설업은 제외하고, 주거용 건물 개발 및 공급업을 포함), 운수업, 출판 영상 방송통신 및 정보서비스업, 금융 및 보험업, 상품중개업
15억 원	농업, 임업 및 어업, 광업, 도매 및 소매업, 부동산매매업, 그 밖에 위에 해당하지 않는 사업

째, 비용이 많이 발생할 수 있습니다. 조세지원을 받는 법인전환은 보통 설립자본금 규모가 커지고 자산부채에 대한 법정평가가 요구되므로 설립비용이 상대적으로 많이 발생하는 데 주의해야 합니다.

둘째, 회사의 사업용 고정자산과 부채 등의 재무상태와 경영 성과, 이월결손금의 존재 등을 고려해야 합니다.

셋째, 사업용 고정자산 중 양도소득세 과세대상 자산이 있는 경우 전환 과정에서 양도소득세 부담을 이연하려면 조세지원이 되는 법인전환 방법을 선택하는 것이 유리하며, 양도소득세 문제가 발생하지 않는다면 전환비용을 줄이기 위해 일반양수도방식을 선택해도 무방합니다.

넷째, 조세특례제한법상 여러 준비금이 설정되어 과세 이연을 받고 있는 경우 법인전환하는 사업연도에 전액 환입해야 하므로 일시에 소득세 부담이 커질 수 있음에 유의해야 합니다. 개인기업의 이월결손금이 존재하면 법인전환 시에 승계되지 않아 이월결손금의 세금효과를 누릴 수 없다는 점도 고려해야 합니다.

다섯째, 실무상의 편의를 위해 가능하면 부가가치세신고 기준일과 법인전환일을 일치시키면 폐업신고와 부가가치세신고 등을 동시에 할 수 있어서 효율적입니다.

15

폐업할 때 세금은
어떻게 정리해야 하나요?

일반적으로 회사가 폐업해도 대표이사나 주주가 회사의 세금을 대납할 의무는 없는 게 원칙입니다. 그러나 주주가 51% 이상(정확히는 50% 초과)의 주식을 가지고 있는 과점주주인 경우 또는 주주와 친인척 관계에 있는 특수관계인과 합한 주식이 51% 이상인 경우에는 과점주주로서 제2차 납세의무를 집니다. 즉, 회사의 연체된 세금을 개인 재산으로 납부해야 합니다.

제2차 납세의무는 주된 납세자가 납세의무를 이행할 수 없는 경우 그 부족분에 대해 주된 납세자와 특수한 관계가 있는 자가 보충적으로 부담하는 것을 말합니다. 청산인, 청산재산을 분배 또는 인도받은 자, 과점주주, 무한책임사원, 법인, 사업양수인 등이 일정한 요건에 따라 제2차 납세의무를 집니다(국세기본법 제38조부터 제41조에 규정).

청산인 등의 제2차 납세의무

법인이 해산하는 경우 부과되거나 납부할 국세와 가산금, 체납처분비를 납부하지 않고 잔여재산을 분배 인도할 때 그 법인에 대한 체납처분을 집행해도 징수할 금액이 부족하면 청산인 또는 잔여재산의 분배 인도를 받은 자는 해당 부족액에 대한 제2차 납세의무를 부담하게 됩니다. 여기서 주된 납세의무자는 해산한 법인이고 제2차 납세의무자는 청산인과 잔여재산을 분배받은 자입니다. 즉, 해산하고 돈을 분배한 사람과 분배받은 사람이 밀린 세금을 내라는 의미입니다.

출자자의 제2차 납세의무

법인의 재산으로 부과되거나 납부할 국세와 가산금 또는 체납처분비에 충당해도 부족한 경우에는 무한책임사원과 과점주주가 부족한 금액에 대한 제2차 납세의무를 부담합니다. 출자자 등의 제2차 납세의무 부담과 관련해서 무한책임사원은 상법상 무한책임의 성격을 볼 때 당연한 반면 과점주주는 유한책임을 지므로 제2차 납세의무를 부담하는 것이 조금 어색하기는 합니다. 결국 유한책임을 지는 주주라 하더라도 과점주주 정도라면 실질적으로 법인을 지배하는 자들이므로 그들과 특수한 관계에 있는 자들이 밀린 세금을 법인이 내지 않으면 대신 내라는 의미입니다.

물론, 제2차 납세의무에는 주된 납세의무자가 조세를 체납하고 그에 대한 체납처분을 집행하여도 징수세액에 부족하여 세금을 걷지 못하는 상황이 발생해야 합니다. 그리고 주된 납세의무에 대한 징수유예가 있어도 징수유예는 납부기한 자체를 연장해 주는 것이 아니므로 제2차 납세의무의 성립에는 아무 영향이 없습니다.

세무서장은 국세가산금 또는 체납처분비를 제2차 납세의무자에게 징수하고자 할 때 제2차 납세의무자에게 징수하려는 국세가산금과 체납처분비의 과세연도, 세목, 세액산출 근거, 납부기한, 납부장소, 제2차 납세의무자로부터 징수할 금액, 산출근거 등을 기재한 납부통지서에 따라 고지해야 합니다. 물론, 주된 납세의무 자체가 소멸하거나 무효, 취소가 되면 제2차 납세의무도 소멸하므로 주된 세금에 대한 오류가 있으면 조세불복으로 다투어 해결해야 합니다.

4장

한 발 앞서가는
법률 상식

01

온라인 사업을 하려면
무엇을 가장 신경 써야 하나요?

미국 페이스북(현 메타)이 2020년 생체 정보를 무단 수집했다는 이유로 이용자들로부터 소송을 당한 일이 있습니다. 페이스북에서 5억 명이라는 엄청난 사람의 개인정보가 유출되어 한국 인구의 거의 10배에 달하는 사람의 권리를 침해했다는 언론 보도도 있었습니다. 그중 한국인은 12만 명 정도로 추정되지만 이렇듯 이제는 온라인 사업을 하려면 가장 먼저 신경 써야 하는 것이 개인정보보호법입니다.

구글 역시 비슷한 사건으로 곤욕을 치렀습니다. 구글이 운영하는 유튜브에서 부모 동의 없이 아동의 데이터를 무단으로 수집하여 2,000억 원이 넘는 벌금을 내야 했습니다. 이처럼 개인정보보호법 위반으로 인한 기업 이미지 하락과 경제적 손실의 가능성이 커지다 보니 생체 정보 인식과 관련하여 우려의 목소리도 나오고 있습니다.

가장 큰 문제는 자신의 얼굴 정보를 사용하라고 동의한 적이 없는데도 이를 이용하도록 시스템이 설계되었다는 점입니다. 하지만 개인정보를 수집하려면 이용자의 명시적 동의를 받아야 합니다.

이러한 점을 인식했는지 페이스북은 2021년 11월 얼굴 인식 서비스를 중단하고 보관 중인 이용자들의 얼굴 인식 데이터를 모두 폐기하겠다고 밝혔습니다. 얼굴 인증에 따른 개인정보 침해 우려도 있지만 무엇보다 범죄에 활용되거나 얼굴 인식을 잘못해 사회적 오해를 불러일으킬 수 있기 때문입니다.

2019년에는 얼굴 인식 기능 때문에 도둑으로 몰린 사람이 애플을 고소한 사건도 있기 때문에 편리한 기능이라고 해서 무조건 사업에 활용했다가 법적 분쟁에 휘말릴 수 있다는 인식이 공유되고 있습니다.

우리나라에서는 생체정보와 각종 개인을 식별할 수 있는 정보는 모두 개인정보로 해석될 여지가 높습니다. 그동안 개인정보는 헌법상 인격권으로서 사생활의 비밀과 자유라는 관점에서 보호되어왔습니다. 헌법재판소에서도 개인정보자기결정권을 정보 주체가 개인정보의 공개와 이용에 관하여 스스로 결정할 권리이며, 헌법 제10조 인간의 존엄과 가치, 행복추구권과 헌법 제17조 사생활의 비밀과 자유에서 도출되는 기본권이라고 판시한 바 있습니다.

그렇기에 신체정보 등을 활용한 애플리케이션 개발 또는 기술 기반 사업을 하려면 수집하는 정보가 개인정보에 해당하는지 검토해야 합니다. 이때 변호사를 통해서 검토하는 것이 가장 안전할 것으로 봅니다. 개인정보보호법 제2조 제1호에 따르면, 개인정보는 살아 있는 개인에 관한 정보로서 성명과 주민등록번호 및 영상 등으로 개인을 알아볼 수 있는 정보, 해당 정보만으로는 특정 개인을 알아볼 수 없더라도 다른 정보와 쉽게 결합하여 알아볼 수 있는 정보, 개인정보의 일부를 삭제하거나 일부 또는 전부를 대체하는 등의 방법으로 추가 정보가 없이는 특정 개인을 알아볼 수 없도록 처리함으로써 원래 상태로 복원하기 위한 추가정보 없이는 특정 개인을 알아볼 수 없는 정보, 즉 가명정보를 말합니다.

이용자의 신체 정보와 건강에 관한 정보 등은 개인정보보호법에 따른 민감정보이기도 합니다. 이러한 민감정보를 수집하려면 정보 주체인 이용자로부터 동의를 받아야 합니다. 만약 인터넷에서 이러한 민감정보를 수집하려면 별도로 확인할 수 있는 체크박스를 마련하고 수집동의를 명시적으로 밝힐 수 있도록 해야 합니다.

사물인터넷 장비를 사용하면서 개인정보가 유출된다면 누구에게 책임을 물어야 하나요?

코로나19가 계속되면서 이를 악용한 각종 정보보안 해킹 등의 위험이 증가하고 있습니다. 코로나19 관련 웹사이트나 애플리케이션이 대량으로 탄생했고, 공공기관을 사칭하여 코로나19 관련 정보를 공유하는 것처럼 속인 다음 악성코드를 내려받아 실행하도록 유도하는 해킹 수법이 늘어났습니다.

온라인 쇼핑이 급증하여 택배 배송 안내문자나 긴급재난지원금 관련 문자를 사칭하는 스미싱* 또한 다수 등장했습니다. 따라서 내 스마트폰 그리고 정보를 지키려면 주의가 더욱 필요해졌습니다. 만약 피해를 당하면 이에 대한 후속 조치로 경찰서 또는 사이버수사대를 통한 신고와 고소, 책임자에 대한 손해배상

청구 등을 생각해볼 필요도 있습니다.

코로나19는 우리 삶을 크게 변화시켰고, 특히 재택근무를 선
택하는 회사가 늘었습니다. 사회적 거리두기를 위한 대책, 원격
근무 환경이 확산되었고 그러한 추세는 앞으로도 지속될 가능성
이 있습니다. 그러나 철저한 준비 없이 달라진 업무환경에 보안
관리 체계가 다소 약해진 틈을 노려 보안 위험이 증가했습니다.
사용자 계정을 탈취하거나 시스템 루트 권한을 뺏기 위한 소셜
엔지니어링 공격이 늘고, 회사 계정을 이용한 해킹도 많아졌습
니다. 이렇게 탈취한 정보로 기업정보를 빼내거나 관리 서버에
랜섬웨어를 설치하는 등 공격이 지속되고 있기 때문에 보안을
강화하는 조치는 필수가 되고 있습니다.

한편 코로나와 별개로 4차 산업혁명과 함께 사물인터넷이 급
속도로 상용화되고 있는데, 로봇청소기나 웨어러블 장치들이 그

것입니다. 그러나 우리가 사용하는 사물인터넷 장비는 무선전송 매체와 연결되어 다양한 개인정보와 민감정보 유출을 불러올 수 있습니다. 이렇게 정보가 유출되면 법적 책임은 누가 져야 할까요? 우리나라 판례에서는 이렇게 보았습니다.

일반적인 사물인터넷 기기들의 기능과 시스템을 고려하면 이러한 서비스를 제공하기 위하여 클라우드 서버와 연결되어 있을 텐데, 이는 정보통신망에 해당합니다. 그렇다면 이를 설계한 업체에서 해킹 등 침해사고 당시 통상적인 수준의 정보보안기술 수준, 정보통신서비스 제공자의 영업 규모와 정보통신 서비스 제공자가 취하는 전체 보안 조치 내용, 정보보안에 필요한 비용과 시간 정도, 해킹 기술의 수준과 정보보안기술의 발전 정도에 따른 피해방지 가능성 등을 종합적으로 고려해야 합니다.

또한 정보통신 서비스 이용계약에 따른 보안의 안전성 확보에 필요한 보호조치를 취해야 할 법률상, 계약상 의무를 위반했는지 판단하여 손해배상책임 여부를 결정해야 합니다. 결국 이러한 종합적인 사정을 고려해서 서비스를 제공하는 업체에서 손해배상 책임을 부담해야 하는 것으로 보았습니다(대법원 2018. 12. 28. 선고 2017다207994 판결).

03

자율주행자동차 사고가 일어나면
누가 어떤 책임을 지나요?

2021년 미국 텍사스주에서 테슬라 차량 관련 사망 사고가 일어 났습니다. 그런데 차 앞쪽 동승자 자리에서 1명, 뒤쪽 좌석에서 1명이 숨진 채 발견됐을 뿐 운전석에는 아무도 없었습니다. 그 러자 차량의 자율주행 기능과 관련해 사고가 일어났을 거라는 추측이 나왔습니다. 자율주행자동차에 대해서는 다음과 같이 단 계별로 분류해놓았습니다.

우리나라에서는 자율주행자동차를 운전자 또는 승객의 조작 없이 자동차 스스로 운행이 가능한 자동차를 말한다고 규정(자 동차 관리법 제2조 제1호의3)하여 자율주행자동차가 이미 법적 개 념으로 들어와 있습니다. 또한 현행 자동차 관리법에서는 자율

레벨	정의	내용
Level 0	비자동화 단계	운전자가 자동차를 모두 통제하며 자동주행장치 부착 가능
Level 1	선택적 능동제어 단계	운전대, 가속장치의 자동화, 기타 장치는 운전자의 통제 필요
Level 2	통합능동제어 단계	운전대, 가속장치의 작동 불필요, 전방주시의무와 필요시 수동전환의무
Level 3	부분 자율주행	일정 부분에 자율주행이 가능, 비상시 운전자 개입 가능
Level 4	완전 자율주행	자율주행 자동차 스스로 주행

주행자동차의 고장 감지나 경고 장치, 기능 해제장치 등과 관련한 시험 연구 목적일 경우에 임시시험 운행허가를 내주고 있습니다.

보통 자동차 관련 인명사고가 나면 자동차손해배상보장법상 손해배상책임과 민법상 불법행위 손해배상책임, 자동차 제조업체에 대한 제조물책임법에 따라 제조업체에서 손해배상책임을 져야 할 수 있습니다.

자율주행자동차는 일정한 조건에서 시스템이 자율주행을 하며 예외적으로 운전자가 조작하여 추가로 운전을 지배할 수 있습니다. 자율주행 3단계 이하에서는 운전자가 운행을 지배하기

내 돈을 지켜주는 친절한 생활 속 법률 상식

때문에 운전자가 자동차손해배상보장법상, 민법상 불법행위 책임을 부담할 것으로 보는 것이 일반적인 견해입니다.

그러나 운전자가 운전에 주의를 기울였음에도 시스템의 오작동으로 교통사고가 발생했으면 자동차 제조회사가 제조물책임법상 손해배상책임을 지는 것은 당연합니다. 그렇기 때문에 이러한 부분에 대해 운전자가 손해배상을 해주었다면 그 돈을 제조업체에 구상권을 행사하여 돌려받을 수 있습니다.

무인화 상점에서 이용자가 물건을 훔쳐가거나 부서뜨렸으면 어떻게 해야 하나요?

코로나19가 전 세계적으로 유행하면서 다양한 분야에서 비대면, 언택트가 새로운 트렌드로 자리 잡음에 따라 매장·서비스 분야의 무인화도 늘고 있습니다. 장기적으로 고객의 소비 데이터를 수집해 분석한 패턴을 바탕으로 매장 운영의 효율성을 높이고 인건비를 절감하며 고객 만족도를 높일 수 있다는 점에서 매장을 그동안 직접 운영해온 기업의 수요도 늘 것으로 보입니다.

미국에서는 디지털화와 무인화가 확산되면서 2000년 이후 최소 26만 개 정도 일자리가 자동화에 따라 사라졌다고 합니다. 이는 미국 전체 제조업 노동력의 약 2%에 해당하며 사라지는 일자리 수는 해마다 기하급수적으로 늘고 있다고 합니다.

우리나라도 무인화 상점이 속속 들어서면서 다양한 문제가 발생하고 있습니다. 무인화 상점 이용자가 물건을 훔치거나 부서뜨리면 절도죄나 재물손괴죄로 처벌받을 것입니다. 하지만 무인화 상점을 운영하는 사업주라면 규제를 검토하고 규제기관의 니즈를 파악해야 하기 때문에 어떤 법률이 적용되는지 변호사의 전문적인 검토를 받는 것이 좋습니다.

먼저 고객의 개인정보와 위치정보, 신용정보를 이용한다면 개인정보보호법, 위치정보의 보호 및 이용 등에 관한 법률, 신용정보의 이용 및 보호에 관한 법률 등의 규제를 받을 수 있습니다. 무인화 상점을 열 때 안면 인식 기술은 물론 CCTV로 동선을 감시하는 시스템을 구축하게 되는데, 이 자체로 개인을 식별하거나 다른 정보와 쉽게 결합하여 개인을 알아볼 수 있는 정보에 해당하므로 개인정보로 해석될 수 있습니다.

이러한 정보를 수집·이용하려면 정보 주체의 동의를 받거나 개인정보보호법 제15조와 제17조 등의 규정에 따라 동의를 받지 않아도 되는 경우에 한하여 개인정보를 수집·이용할 수 있다는 점을 주의해야 합니다. 따라서 고객의 안면과 동선 등을 촬영할 수 있다는 점을 미리 고객에게 알려주고, 개인정보의 수집 및 이용에 관해 고객의 동의를 받을 필요가 있습니다.

고객은 대개 무인 결제시스템을 이용해 물건을 구입하거나 카카오페이 등의 결제시스템을 이용하여 결제합니다. 이때 판매된 물건에 관한 정보처리를 하기 위해 그 결제정보는 신용정보 주체의 거래 내용을 파악할 수 있는 정보에 해당하여 신용정보의 이용 및 보호에 관한 법률 제2조 제1호에 따른 신용정보에 해당할 수 있습니다.

이러한 신용정보도 신용정보법에 따라서 고객의 동의를 받아야 하고, 해당 정보를 위탁할 때도 신용정보법상 요건에 따라 위탁해야 합니다. 때로는 신용정보와 개인정보를 분리 보관하는 절차를 검토해야 할 수도 있습니다. 게다가 판매하는 물품에 따라 미리 인허가를 받아야 하는 것도 있으니 이를 충분히 검토해야 할 수도 있습니다.

개인이 가상화폐에 투자해도
세금을 내야 하나요?

세법이 개정되기 전에는 가상자산의 과세에 관한 명확한 규정이 없었습니다. 열거한 소득에만 과세한다는 열거주의 원칙이 적용되는 소득세는 과세 근거가 명확하지 않아 과세되지 않고, 포괄주의에 근거한 법인세는 법인소득에 과세되며, 상증세법(상속세 및 증여세법)상 상속세와 증여세 과세대상 역시 포괄적으로 규정해서 상증세법에 따라 과세된다는 것이 다수의 견해였습니다.

그런데 법이 개정되면서 개인 및 법인 투자자가 보유한 가상자산에서 발생하는 수익에 대한 과세 방안을 명확하게 규정하고, 상증세법상 평가 및 해외 가상자산 신고를 위한 세부 근거를 마련하였습니다.

소득세법 개정으로 2022년 1월 1일 이후 가상자산을 양도하거나 대여함으로써 발생하는 '가상자산 소득'에 대해 기타소득으로 과세가 됩니다(소득세법 제21조). 가상자산의 소득금액은 총수입금액(양도하면서 받은 대가)에서 필요경비(취득원가와 부대비용)를 공제한 금액으로 계산하는데, 이는 연간 손익을 통산하여 계산됩니다. 다만, 가상자산 소득금액이 연간 250만 원 이하인 경우에는 소득세를 과세하지 않습니다(소득세법 제84조).

참고로, 가상자산의 취득가액은 선입선출법(FIFO: First In First Out)에 따라 먼저 매입한 것부터 순차적으로 양도한 것으로 보고 필요경비를 계산하며, 필요경비 산정 시 2022년 1월 1일 이전에 보유하고 있던 가상자산의 취득가액은 2021년 12월 31일 당시의 시가와 그 가상자산의 취득가액 중 큰 금액으로 합니다(소득세법 제37조).

2021년 12월 31일 당시 가상자산의 시가는 특정 금융거래정보의 보고 및 이용 등에 관한 법률(약칭 '특정금융정보법')상 가상자산사업자 중 국세청장이 고시한 사업자의 사업장에서 거래되는 가상자산의 경우 가상자산사업자 중 국세청장이 고시한 사업자들이 2022년 1월 1일 0시 현재 공시한 가격의 평균액으로 하고, 그 이외의 가상자산의 경우 특정금융정보법상 가상자산사업자 및 그에 준하는 사업자가 공시하는 2022년 1월 1일 0시 현재 가상자산 가격으로 합니다(소득세법 시행령 제88조).

법인투자자가 알아야 할 법인세 과세

법인세는 포괄주의에 따라 어떤 소득인지 구분하지 않고 과세합니다. 이전부터 순자산증가설에 기반한 법인세법 과세체계상 법인이 보유하고 있던 가상자산을 양도하는 경우 양도가액은 익금(이익금)에 산입하고, 양도 당시의 장부가액은 손금(손해가 난 돈)에 산입하여 가상자산의 거래로 발생하는 법인소득에 과세가 된다는 점에는 별다른 이견이 없었습니다.

또한, 개정 법인세법은 가상자산의 평가 방법을 구체화하여 2020년 1월 이후 가상자산을 재고자산 및 유가증권처럼 평가대상 자산, 부채로 규정하였고 선입선출법에 따라 평가하도록 규정하였습니다(법인세법 시행령 제73조, 제77조).

가상자산의 시가는 특수관계인 외의 불특정다수와 계속적으로 거래한 가격 또는 특수관계인이 아닌 제3자 간에 일반적으로 거래된 가격으로 하며, 시가가 불분명한 경우에는 상속세 및 증여세법상 보충적 평가 방법에 따른 평가 방법을 적용합니다(법인세법 시행령 제89조).

앞서 언급한 바와 같이, 상증세법은 특정금융정보법 제7조에 따라 신고가 수리된 가상자산사업자 중 국세청장이 고시하는 가상자산사업자의 사업장에서 거래되는 가상자산의 경우 가상자산 평가기준일 전후 각 1개월 동안 국세청장이 고시하는 가상자산사업자가 공시하는 일평균가액의 평균액을, 그 외의 가상자산의 경우에는 가상자산사업자 및 이에 준하는 사업자의 사업장에서 공시하는 거래일의 일평균가액 또는 종료시각에 공시된 시세가액 등 합리적으로 인정되는 가액을 적용하여 평가하도록 하고 있습니다(상증세법 제65조, 동법 시행령 제60조).

이처럼 계산한 과세표준에 20%의 세율을 곱하여 세액을 산출하며, 이는 종합과세 대상에서 제외하여 별도로 분리과세됩니다. 다만, 해당 가상자산 거래소득 역시 기타소득으로서 종합소득 신고 대상에 해당하므로, 각 개인투자자는 과세최저한(250만원)을 넘는 세액 부분에 관해 종합소득세 신고납부 기한(다음 연도 5월) 안에 주소지 관할 세무서에 이를 신고납부해야 합니다.

한편, 부가가치세는 특별한 사정이 없는 한 기존의 국세청 예규인 "비트코인이 화폐로서 통용되는 경우에는 부가가치세 과세대상에 포함되지 아니하는 것이나, 재산적 가치가 있는 재화로서 거래되는 경우에는 부가가치세 과세대상에 해당하는 것"에 따라 세무실무가 이루어질 것으로 보입니다. 물론 영국, 일본, 독일 등 가상자산의 공급을 비과세 또는 면세로 분류하는 국가는 부가가치세를 과세하지 않습니다.

TIP

고소득자가 가상화폐로 돈을 벌면 누진세율도 높아질까?

가상화폐로 소득이 발생해도 분리과세를 하기 때문에 누진세율이 높아지지 않는다. 분리과세는 기존의 다른 종합소득과 합산하여 누진세율을 적용하는 것이 아니라 특정한 세율로 과세하고 과세를 종결하는 제도를 말한다. 일반적인 근로소득자 또는 사업소득자는 기존의 종합소득과 별개로 가상자산의 양도로 발생한 차익에 대해 기타소득으로 22%(지방세 10% 포함) 과세하기 때문에 누진세율 걱정은 할 필요가 없다.

해외거래소만 이용하는 투자자들은
국세청에서 추적하지 못하나요?

해외거래소에서 거래하는 거래도 매년 6월까지 해외 가상자산거래계좌를 신고할 의무가 있기 때문에 국세청에서 추적이 가능합니다. 물론, 과세관청에서 해외거래소 거래내역을 국내거래소보다 파악하기 어려운 것은 사실입니다.

그러나 시세조회 등을 할 수 있고 해외거래소만 이용한다고 하더라도 한국에서 돈을 인출하여 사용한다면 국세청에서는 이러한 자료를 바탕으로 과세 근거를 마련하기도 합니다. 이렇게 신고의무를 이행하지 않다가 적발되면 많게는 가산세를 세액의 40%까지 내야 하기 때문에 조심해야 합니다.

해외거래소 거래분에 대한 과세

최근 여러 매체에서 가상자산 열풍을 잠재우기 위해 정부에서 과세 방침을 내놓은 것에 심각한 결함이 있다는 지적이 많아지고 있습니다. 추적이 어려운 해외거래소 이용자에게는 사실상 세금을 부과하기 어렵기 때문입니다. 이 때문에 국내거래소 이용자들만 과세대상으로 손해를 보아 형평성에도 맞지 않는다는 지적도 있습니다.

현실적으로 해외의 거래소에 대해서도 과세하려면 과세 정보를 국내에서도 효율적으로 입수할 수 있는 인프라가 구축되어야 합니다. 그런데 아직은 해외에서도 가상자산에 과세할 근거를 마련하는 초입단계에 있고 과세하지 않는 국가도 있는 등 국가마다 제도가 서로 달라서 모든 국가에 대해 거래내역을 확보하는 것은 현실적으로 매우 어려운 일입니다.

해외거래소의 이용자 수, 거래 규모 등이 제대로 파악되지 않은 상황에서 세금을 매기는 것은 시기상조라는 말도 있습니다. 아직 구체적인 과세방법이 완벽하게 갖추어지지 않았기 때문에 제도를 정비하는 과정에서 혼란과 어려움이 많을 것으로 예상됩니다. 한 가지 확실한 점은 어쨌든 해외거래소 거래분에도 과세한다는 것은 분명하고 이를 신고하지 않으면 가산세 등 리스크가 있다는 사실입니다.

07

가상화폐로 증여해도
증여세를 내야 하나요?

가상화폐도 증여와 상속에서 일반 화폐와 차이가 없습니다. 가상화폐 양도차익에 대해 소득세법이 개정되어 과세가 추가된 것일 뿐 상속증여세는 포괄적으로 규정되어 있어 별도로 언제든 과세할 수 있습니다. 증여세는 신고기한이 정해져 있으니 증여할 계획이라면 가산세를 생각해서라도 미리 준비하여 신고하는 것이 좋습니다.

2022년 1월 1일 이후 상속이나 증여세가 부과되는 가상자산의 가격은 특정금융정보법상 가상자산사업자 중 국세청장이 고시한 사업자의 사업장에서 거래되는 가상자산이 될 것입니다. 이때 고시된 사업장의 평가기준일 이전이나 이후 1개월간 공표된 일평균 가격으로 평가하게 됩니다.

또는 특정금융정보법상 가상자산사업자 및 그에 준하는 사업자가 운영하는 사업장의 평가기준일의 일평균 가격 또는 종료시각에 공표된 시세가액 등 합리적으로 인정되는 가상자산 가격으로 평가하기도 하는데, 이때 구체적인 방법은 대통령령으로 위임합니다. 이렇듯 구체적 평가 방법을 마련하여 그 가격으로 증여한 것으로 보아 수증자는 증여세를 신고납부해야 합니다.

08

가상화폐는 소득세를
어떻게 계산하나요?

가상자산을 A거래소에서 매수하여 보유하고 있다가 B거래소로 이전한 후 매도하여 현금화하는 경우

거주자는 가상자산을 양도하여 수익을 실현한 시점의 총수익금액에서 취득가액 등을 공제하여 차익을 계산합니다. A거래소에서 B거래소로 가상자산을 이전한 것만으로는 수익실현으로 볼 수 없어 B거래소에서 매도한 금액이 총수익금액이 되고 A거래소에서 매수한 금액이 취득가액이 됩니다.

비거주자나 외국법인은 가상자산의 양도, 대여뿐만 아니라 인출도 인출 시점을 양도 시점으로 보도록 규정했으므로, A거래소에서 B거래소로 가상자산을 인출하는 시점에 A거래소의 인출

시 가격을 기준으로 소득세가 원천징수됩니다.

국내에서 산 가상화폐를 해외에서 팔아 수익을 보고, 이 돈으로 해외에서 다시 가상화폐를 사서 국내에서 팔아 수익을 본 경우

거주자가 국내 A거래소에서 비트코인을 매수했다가 해외 B거래소로 송금한 후 매도하여 500만 원 수익을 실현했고, 이 수익금으로 해외 B거래소에서 이더리움을 매수하여 국내 A거래소로 송금한 후 매도하여 250만 원을 더 얻었을 경우를 예로 들어 설명하겠습니다.

이 거주자의 경우, 가상자산을 양도하여 수익을 실현한 시점의 총수익금액에서 실제 취득가액 등을 공제한 금액이 소득금액이 되며 여기에 비과세 소득금액 250만 원을 차감한 후 세율 22%를 곱하여 납부하게 됩니다.

먼저, 비트코인으로 발생한 소득은 A거래소에서 매도한 금액이 총수익금액이 되고 A거래소에서 매수한 금액이 취득가액이 됩니다. 따라서 비트코인 수익금액 500만 원에서 비과세 소득금액 250만 원을 공제한 250만 원에 22%를 곱한 55만 원을 과세합니다.

한편, 이더리움의 경우 수익금액 250만 원에서 비과세 소득금액 250만 원을 차감하면 과세표준이 0원이므로 과세되는 금액이 없습니다.

국조법상 해외 가상자산 거래계좌 신고의무

국조법(국제조세조정에 관한 법률)은 국제거래에 관한 조세의 조정과 국가 간의 조세행정 협조, 해외자산의 신고 및 자료 제출에 관한 사항을 규정하고 있습니다. 국조법상 신고대상 해외금융계좌 및 신고대상 해외금융계좌를 취급하는 해외금융회사의 범위에 가상자산 관련 계좌 및 가상자산사업자를 각 새롭게 추가하여 가상자산거래계좌 역시 해외금융계좌신고제도 적용대상에 포함되게 되었습니다.

이에 따라 해외금융계좌를 보유한 거주자와 내국법인은 해외금융계좌 잔액이 5억 원을 초과하는 경우, 다음 연도 6월 1일부터 30일까지 납세지 관할 세무서장에게 해외금융계좌 정보(보유자의 성명, 주소 등 신원에 관한 정보와 계좌번호, 해외금융회사 등의 이름, 매월 말일의 보유계좌 잔액과 최고금액 등 보유계좌에 관한 정보 등)를 신고하여야 합니다(국조법 제52조, 제53조)

09

로보어드바이저를 믿고 투자했다가
손실을 보면 책임을 물을 수 있나요?

4차 산업혁명 시대와 함께 금융투자업계에도 인공지능(AI) 바람이 강하게 불고 있습니다. 자동매매부터 시황분석, 포트폴리오 구성 등 다양한 분야에서 AI가 활용되지만 가장 활발하게 도입된 분야는 자산관리 서비스인 로보어드바이저입니다. 상위 1% 부자들의 전유물로 여겨졌던 자산관리 서비스가 AI가 투자를 도와주는 '로보어드바이저' 도입으로 빠르게 대중화되고 있습니다. 은행, 증권사 등 기존 금융사들은 리테일 서비스로 로보어드바이저 상품을 적극 출시 중이고 핀테크 기업에서도 각종 금융공학과 IT기술을 접목한 새로운 서비스를 선보이고 있습니다.

로보어드바이저RoboAdvisor는 로봇Robot과 어드바이저Advisor의

합성어로 알고리즘, 빅데이터 분석 등의 기술에 기반을 두고 개인의 투자 성향 등을 반영하여 자동으로 '포트폴리오를 구성'하고 '리밸런싱(재구성)'하고 '운용'해주는 온라인상 자산관리 서비스입니다. 로보어드바이저는 2016년 국내 시장에 도입됐지만 규제가 완화되어 본격적으로 금융활동에 뛰어든 것은 2019년부터입니다. 최근 코로나19로 초저금리가 심화되고 비대면 거래가 확산함에 따라 로보어드바이저 서비스가 급격한 성장세를 보이고 있습니다.

물론 로보어드바이저가 알고리즘과 시스템을 통해 투자자문을 한다고 하더라도 이는 엄연히 자본시장법상 투자자문업에 해당합니다. 그래서 투자자문업자와 같은 선량한 관리자의 주의의무를 부담하게 됩니다. 선량한 관리자로서 주의의무는 투자자문을 직업으로 하는 사람에게 통상 인정되는 주의를 다해야 할 의무인데 자신의 재산을 관리하는 주의의무보다는 강한 의무라고 보면 됩니다.

또한 자본시장법상 투자자문업자이기 때문에 투자 권유를 할 때 투자 목적과 성향, 투자 위험 감수 능력 등을 고려하여 투자 대상을 선정해야 하고, 금융투자상품의 내용과 투자에 따른 위험도 설명해야 합니다. 그리고 이용자에게 이러한 설명의무를 위반하면 투자자문업자는 투자자에게 손해배상책임을 집니다. 물론, 추천 종목이나 투자정보 서비스를 바탕으로 정보가 제공되고 투자자가 투자 결정을 하여 위험과 서비스의 한계를 인지하고 투자했다면 투자로 인한 손실은 오롯이 투자자 부담이 됩니다.

알고리즘의 오류나 오작동으로 투자자에게 손실이 발생하면 그러한 알고리즘을 개발한 개발자가 책임을 부담하거나 서비스를 제공하는 주된 운용사에서 함께 책임을 집니다. 물론, 로보어드바이저로 손실을 보았다고 손해배상청구를 한 사례는 아직 없지만 앞으로 문제가 될 가능성은 충분히 있습니다.

법, 아는 것이 힘이다

'법알못'과 '법잘알'의 차이는 무엇일까요? 그리고 그 차이에서 나타나는 결과는 어떻게 다를까요? 저는 이 책을 쓰며 법잘알로서 법알못에서 벗어날 수 있는 지도를 여러분 손에 쥐어드리고자 했습니다. 높은 성벽에 갇힌 법을 꺼내 이런저런 모습을 보여드리면서 '애는 여기를 건드리면 위험하고, 여기는 여러분에게 이런 보호를 제공해요'라고 법을 보여드리고 싶었습니다. 이로써 여러분이 법을 이전보다는 친숙하게 느끼면 좋겠습니다. 또는 이 책을 시작으로 법을 더 공부하고 싶어져 법잘알의 세계에서 저와 함께하실 수도 있습니다.

　법을 안다는 것은 큰돈을 가지는 것과 같습니다. 자본주의 사회에서 돈을 잘 다루는 것은 법을 잘 다루는 것과 비슷하기 때문입니다. 그렇기에 민사·형사소송에서도 사안의 경중에 따라 배상금과 벌금을 부과하기도 합니다. 저는 제가 가지고 있는 큰돈을 여러분도 같이 갖자고 말씀드립니다. 여러분이 법을 알고 법에서 제시하는 권리를 명확히 주장할 수 있다면 더 큰돈을 벌 기회가 열릴 것입니다. 그리고 그렇게 벌어들인 큰돈 또한 법이 지켜줄 것입니다.

우리가 눈을 떠서 밥을 먹고 사람들을 만나고 잠을 자기까지 법의 보호 아래에 있지 않은 순간은 단 1초도 없습니다. 우리가 살아가는 시간, 우리가 내리는 선택의 순간에 법은 우리에게 선택지를 넓혀주고 리스크를 줄여줍니다. 다만 이러한 법률 상식은 '정확'하고 '현재'에 기초해야 합니다.

이 책에는 현재 변호사로 활동하는 저자들이 현재의 법령과 최신판례를 기반으로 여러분이 궁금해할 만한 사항을 문답형식으로 담았습니다.

권리 위에 잠자는 자는 보호받지 못합니다. 법은 우리의 권리에 대해 사회적으로 약속된 일종의 사회적 계약서입니다. 이 계약서를 이해하면, 자기 권리를 명확하게 알고 적극적으로 주장할 수 있는 사람들에게 더 큰돈을 벌 기회가 열릴 것입니다.

코로나19로 많은 것이 변화되었지만 여전히 사회에 존재할 기회와 가능성을 탐구하는 데 이 책이 도움이 되길 바랍니다. 단지 알고 있는 데서 그치지 않고 돈이 되는 법률 상식이 되길 바라는 마음으로 주제를 선정하고 답변을 작성하였습니다. 자기 전담 변호사에게 묻듯, 고민이 생길 때 이 책이 마치 제갈량의 세 가지 비단 주머니처럼 다음 단계로 나아가는 깨달음, 비책을 주기를 바랍니다.

고용노동부(www.moel.go.kr)

공정거래위원회(www.ftc.go.kr)

국세청 홈택스(www.hometax.go.kr)

대한민국 법원 전자소송(ecfs.scourt.go.kr)

대한법률구조공단(www.klac.or.kr)

방송통신심의위원회(www.kocsc.or.kr)

방송통신심의위원회 인터넷피해구제(remedy.kocsc.or.kr/ddmsIndex.do)

위택스(www.wetax.go.kr)

정보공개(www.open.go.kr)

조세심판원(www.tt.go.kr)

찾기 쉬운 생활법령정보(easylaw.go.kr/CSP/Main.laf)

한국공인회계사회(www.kicpa.or.kr)

한국납세자연맹(www.korea.org)

한국세무사회(www.kacpta.or.kr)

리걸타임스(https://www.legaltimes.co.kr/news/articleView.html?idxno=52837)

한국일보(https://www.hankookilbo.com/News/Read/A2021052113380004281)

내 돈을 지켜주는
친절한 생활 속 법률 상식

지은이 | 곽상빈 · 안소윤
발행처 | 도서출판 평단
발행인 | 최석두

등록번호 | 제2015-000132호
등록연월일 | 1988년 7월 6일

초판 1쇄 인쇄 | 2023년 3월 2일
초판 1쇄 발행 | 2023년 3월 10일

우편번호 | 10594
주소 | 경기도 고양시 덕양구 통일로 140(동산동 376) 삼송테크노밸리 A동 351호
전화번호 | (02)325-8144(代)
팩스번호 | (02)325-8143
이메일 | pyongdan@daum.net

ISBN | 978-89-7343-551-7 (13320)